言语力

用有效语言瞬间打动人心

[日] 三浦崇宏 著
潘郁灵 译

上海社会科学院出版社
SHANGHAI ACADEMY OF SOCIAL SCIENCES PRESS

U1008758

图书在版编目（CIP）数据

言语力：用有效语言瞬间打动人心 /（日）三浦崇宏著；潘郁灵译．—上海：上海社会科学院出版社，2022

ISBN 978-7-5520-3727-2

Ⅰ．①言… Ⅱ．①三… ②潘… Ⅲ．①言语交往—通俗读物 Ⅳ．① C912.13-49

中国版本图书馆 CIP 数据核字 (2021) 第 225391 号

GENGOKARYOKU
Copyright ©2020 Takahiro Miura
Original Japanese edition published in 2020 by SB Creative Corp
This Simplified Chinese edition is published by arrangement with SB Creative Corp.,Tokyo in care of Rinch International CO., LIMITED

上海市版权局著作权合同登记号：图字 09-2021-0895 号

言语力：用有效语言瞬间打动人心

著　　者：［日］三浦崇宏
译　　者：潘郁灵
责任编辑：赵秋蕙
装帧设计：周周设计局
出版发行：上海社会科学院出版社
地　　址：上海顺昌路 622 号　　邮　　编：200025
电话总机：021-63315947　　销售热线：021-53063735
http://www.sassp.cn　　E-mail：sassp@sassp.cn
印　　刷：三河市恒彩印务有限公司
开　　本：880 毫米 ×1230 毫米　1/32
印　　张：6.625
字　　数：133 千
版　　次：2022 年 4 月第 1 版　　2022 年 4 月第 1 次印刷

ISBN 978-7-5520-3727-2/C · 212　　定　价：46.00 元

版权所有　翻印必究

序

时代变了——这句话，我们或许已经听过无数遍。不，或者应该说，它从未停止过变化的脚步。

我们需要学些什么，需要到哪里去，应该换个工作还是找份兼职，是该独立还是该成长，怎样才能更好地发挥自己的作用，又有什么是值得我们依靠的？或许，这是许多人都在苦苦寻找答案的问题。

其实，在这个时代，我们应该善于利用工具来为自己拓宽道路。这本书，既不是一本厚如砖、可当枕的职业指南，也不是海外留学后获得的 MBA 学位。和那些虚拟货币，或者代表着先进科技的 AI 或 5G 技术也毫无关联。这里要说的，无非就是我们每天都要使用的“语言”罢了。

“语言”，这个我们每个人每天都会使用的看似最不起眼的东西，恰恰是能够阐明我们价值观、实现我们愿望、加速我们成长的唯一的、同时也是最为强大的武器。

我想你一定也发现了，“语言”的使用环境早已发生了变化。

今日不同往昔，曾经那个只有“选定之人”才有资格面向平民大众发表言论的时代早已过去。现在这个时代，所有人都可以敞开心扉，所有人都拥有自由的话语权。那么，我们所追求的就应该是：“能否准确表达自己的意愿”以及“能否用语言打动他人”。

如果能够游刃有余地使用“语言”表达自己的想法，那么你的“语言”一定会成为自己通往理想之门的阶梯。这不仅会成为你改善人际关系的秘密武器，也会对你的事业大有助益。

真的有这么神奇吗？那么，让我先来告诉你第一句话吧。

法国哲学家阿兰曾经说过：**“悲观是情绪，乐观是意志。”**

这个世界充满了不公平。

所以，漫漫人生路，每个人都难免陷入悲观的情绪之中。但是，不妨换个角度想想，这个世界上的每件事情，是不是都有着不一样的意义呢？

不妨相信，我们的人生一定是充满了希望的。如此一来，或许每一天都会有不一样的感触。

或许会觉得枯燥乏味的工作总有一天会成为自己成功的钥匙。

这种用语言定义思想，或者说，通过语言改变世界观的方式，也许会让我们的人生态度发生巨大的变化。

如何善用“语言”，让自己能在这瞬息万变的时代立于不败之地？翻开本书，就能找到答案。这可不是海市蜃楼。而是我这个被严酷的社会折磨得遍体鳞伤，却依旧苦苦奋战的人，在饱尝了生活的酸甜苦辣后终于悟出的战斗秘籍。至今，它仍在持续更新中。

那么接下来，就让我们一起收拾行囊，在熟悉且亲切的“语言”世界中畅快遨游吧。

前言

找不到能准确表达的语言。脑子里总是乱成一团糨糊，理不清头绪。我想，每个人都曾有过这样的经历吧。

不过，类似“用语言说出难以言传的事情”，正是我们的工作内容之一。

这既是表达我们自己的所思所想，也是与他人建立起联系。最重要的是，语言可以延伸出无限的“变化”。

我在一家名为“The Breakthrough Company GO”的公司中担任创意总监一职。“创意总监”一词，原来一直都是广告制作负责人的别称，但是我在GO公司中对这个词的理解却有所不同。

我认为它应该是“利用创意的力量来改变社会和企业的专家”。事实上，我曾借助创造力改变过很多东西。我曾在商业圈掀起过一阵历史长篇漫画《王国》的热潮。我在“报纸广告日”那天，将名为“左撇子艾伦”的漫画刊登在朝日新闻的一张大开页上。

那天，不仅是《朝日新闻》被迅速抢购一空，就连推特也被这一消息霸屏了。我当然不可能仅凭一己之力完成所有的工作。但是只要团队上下齐心协力，就能成就巨大的改变。

不过在此之前，先要对变化的内容下一个定义。我们要怎么做，才能到达那个从未有人触及的全新世界?

在这里，语言的作用就不容小觑了。如果是一家公司，面对“较去年同月份上升若干百分比”的目标时，那么它要做的，就仅仅是日复一日的数字堆积罢了。

但是，如果我们能够使用语言来定义这个百分比目标，比如“做出这样的改变”，或是“为了这个结果而努力”，那么眼前就会出现一个全新的世界了。回到我刚刚的那个例子，《王国》可不仅仅是一本单纯的漫画。我将它重新定义为了“日本最畅销的商业书籍”。《朝日新闻》上的刊载，成功地将这本漫画重新定义为了“出版物”，而非“广告”，这让很多人欣然接受。

催生出这些变化的，正是“语言”。这是一个前所未有的新现象。是每个人都想看到，却从未见过的未来。以此为基本框架，分享给他人，使其变为所有人共同追求的目标，这便是语言最厉害之处。而且，语言不需要花费任何原料或资金。它来自你的内心、你的大脑。它可能是源自生活最简单，却又充满无限可能性的资源。

日常生活中也会如此，有些时候，语言会让人顿生“柳暗花明”之感慨。比如，我们原定的某个拍摄计划或活动，因突然袭来的台风而面临取消或推迟的风险。这种时候，我肯定会说：“对不起，我为自己拥有呼风唤雨的能力而深感抱歉。”

听完这句话，所有人都哈哈大笑，消极的气氛也因此一扫而空。当然，如果台风没有如期而至，而是转移了路线，我就会这么说：“我果然是天选之子啊”，听起来可真是自恋得很。

我究竟是个呼风唤雨之人，还是天选之子，又有谁会真的在意呢。但是，眼前的境遇或是难处，会因为语言解释的不同而导致不同的效果，个人心情、团队氛围、以及工作方式都会因此而发生改变。心不甘情不愿的工作调动、小失败、大挫折、乃至失恋——只要你还在努力工作，只要你还在拼命生活，就一定会遇见令人头疼的挫折。如果能够使用恰当的语言进行说明，就会让人觉得那些看起来让人难以接受的经历，其实未尝不是生命中不可或缺的际遇。语言，为我们指明了未来的方向。就连那些不堪回首的往事，也会因语言而生出别样的意义。

如果你想改变自己的人生，就必须学会用语言来准确阐述自己想要的未来。如果，你能够准确地用自己的语言描述出自己想要什么样的未来，事实上你的人生就已经开始发生改变了。如果你正面对着某些残酷的现实，请用语言赋予它一个新的含义。阅读本书，学会语言的打磨技巧。从此以后，你的人生由你掌控。用心体会，充满期待，为未知的挑战做足准备。事实上，这毫无难度。语言，早就被你握在手中。你要学的，只不过是如何使用罢了。

目录

序章

语言可以改变一切

——工作、人际关系、人生

“保育园进不去，日本去死”

这是发生在2016年的一件事。仅是一条由一位普通女性匿名发的推文，不仅被1000多人转发，更是引起了媒体的关注，最终成了日本国会的重要议题。

短短的10个字，诉尽了普通公民因孩子无法进入保育园而对日本社会制度的失望与批判。这只是一条推文，更何况推文的作者既非名人，也非学者，却能成为推动国家改革的导火索。不过这样的奇迹倒也并非罕见。

这就是我们生活着的社会。除此之外，在日常沟通的过程中，也会出现许多与语言相关的难题或烦恼，例如“我和领导难以沟通”，或是“无法表达自己的意见”，等等。既然语言具有触动人心的效果，那它自然也有惹怒他人的功能。

随着互联网和智能手机的不断发展，我们每天能够接触到的信息量也在激增。与10年前相比，语言的功能早已发生翻天覆地的变化。换言之，在这个时代，语言可以推动或改变更多的事物。“语言”的力量变得越来越强大，这是不言而喻的。

在这个时代，如果想利用语言的力量过上更好的生活，首先要了解以下三个要点。

1. 我们正处于每个人都有“传达价值”的时代。

2. 语言才是解决问题的最强武器——创造未来靠的不仅是数字或技术，若想改善人际关系，依靠的只能是语言的力量。

3. 玩转“语言”，可以不战而胜。

我们正处于每个人
都有“传达价值”的时代

这是一个“普通人”的语言拥有最强威力的时代

语言是所有人都可以自由使用的“武器”。在过去的那些年代，作家、诗人、撰稿人等“语言专家”是语言力量的主要使用者。但是，在这个时代，“专业人士”所说的话已经变得越来越没有公信力。

专业人士拥有成熟的语言水平，在传达信息方面拥有较高的有效性，但是现在，若想准确地传达信息，大可直接使用图像、视频之类的方式。语言的最大功能在于“共鸣”和“速度”。它比图像或视频更加快速，更能在这个瞬息万变的信息大潮中，获得他人的共鸣。能做到这一点的，唯有语言。

而且，引用普通民众的话往往更容易获得共鸣。以复杂的方式打造“语言技术”的行为，事实上毫无意义。使用大众每天都会说的日常用语，才更容易引起大家的共鸣，也更容易打动他人。这才是有效的语言。越来越多的事例证明了这一点。

上文中的“保育园进不去，日本去死”就是一个典型的例子。

文案，不需要多漂亮或是多炫酷，而是要使用能够打动人心、改变形势、提升意志的功能性语言。例如，告诉对咖啡不感兴趣的人：“这咖啡很美味”。如果听到这句话的人去喝了咖啡，或突然有了想喝咖啡的欲望，那么这个文案就是成功的文案。语言，不能只是传达信息，还必须能打动对方，能改变现状。

“保育园进不去，日本去死”，就是这样一句极其简单却又极具震撼力的文案。

它成功地传达了因为“保育园进不去”这个事实，而产生了想要打倒“日本”这个“虚情假意的终极敌人”的意志。而且，这句话中使用了“去死”一词，这是一个简单却令人难忘的词汇，而且从某种意义上来说，也是一个具有攻击性的词汇。

前半句描述事实，后半句写的是因此而生出的强烈的愤世情绪。中间的跨越就浓缩在了这么短短几个字之中。如果这位女性说的是“保育园进不去，好失望”或是“保育园进不去，我该怎么办”之类的话语，想必就不会引起太多的关注了。“保育园进不去，日本去死”——我想，很少会有人想到用这么一句话来表达不满吧。这引起了很多人的共鸣，甚至让整个社会都为之震惊。这句话并非出自“语言专家”之口，而是一个普普通通的人，因普普通通的生活经历而爆发出的内心的声音。质朴，所以真实，反而拥有更强大的威力。

请允许我再重复一遍：语言，就是武器。在这个时代，或许一个词就可以改变一个世界。“奶爸”一词出现后，越来越多的父亲开始参与到孩子的生活与教育过程中。“单身贵族”一词出现后，越来越多的人选择了独自进餐。语言已经成为了社会现象的核心。

可以说，语言已经成了改变社会与自身环境的性价比最高的方法。

“人类文明之初，语言就已经存在。”

没有一个人会一辈子都说废话

即便是公司的管理层，有时也会征求下属的意见。这是因为，有些人在会议上从不发言。这些人为什么会选择沉默不语呢？莫非是觉得“我这种人就不该发言”吗？

但是，请不要忘记，只要被邀请参加会议，这个人就是有存在价值的。参加会议本身就是对价值的最大肯定。事实上，担心“自己不配”的想法并非慎重，而是多虑的行为。难道你不觉得奇怪吗？如果大家不希望听到你的意见，又怎么会喊你参加会议呢？当然，某些会议会因为其特殊的性质，需要一个表情严肃的大人物坐镇来营造出一种庄重的气氛，不过这并不重要。即便是与自己最无关的会议，只要受邀参会，那么你就只需用应邀参加一个家庭聚会的心态来应对就好了。

更何况如今每年，不，甚至是每天的工作规则都会发生变化。例如，如果会议上坐着一位“业内大腕”，而你是刚进入公司第二年的新人，你可能会觉得，自己不过是个微不足道的小兵，哪有说话的资格呢？但是大腕其实并不想发言，也从未想过在照片墙上被人点赞，虽然他们可能在推特上也拥有一个小号。

我再举个广告公司的例子，以前拍摄过 100 支电视广告的人，一定是比拍摄过 10 支电视广告的人更有经验，自然也就更有话语权。

但是现在，人们看中的已经不是你有多少常识或有多少经验了，而是你对新时代的变化能有多高的敏感度。所谓“代沟”，

其实指的并不是工作资历或是等级的差距，在如今这个常识不断发展变化的社会中，“代沟”更应该指的是“我们生活的时代背景不同”。二十多岁的新人，实际上可以算是“生活在2010年代的专家”。从时代性来看，年轻人往往比业界大腕具有更加敏锐的感觉，因为年轻人更能敏锐地捕捉时代的气息。在这个瞬息万变的时代，“经验值”绝不可能成为唯一的武器。

如果你还年轻，那就意味着你是一个可以玩转SNS和智能手机的年轻人。既然如此，就不妨在参会的时候大胆地说出自己的想法：“在我们（这代人）来看，这算不上是一个好主意。”没有一个人会提出抗议的。这不需要理由，只需要直觉。当然，可能对方会提出反驳：“这次的业务，我们的客户群并非年轻人。”于是可能就会引发一场新的争论：“那么，我们该怎么让年轻人了解我们的产品呢？”既然每个人的生活经历都不同，那就不存在没资格说话的人。当然，年长者也有发言的权利，例如一个对环境问题感兴趣的长者，或是一个可以为了橄榄球而废寝忘食的长者。只要是从生活经历中悟出的道理，只要你能用自己的语言清晰表达，那就一定是有意义的话。借用一句名人名言，那就是**“这个世界上，只有一个你。发言的权利，只掌握在站在这里的人手中”**。

LIFE is Contents

“**LIFE is Contents**”——记住这句话，因为它能在大多数情况下消除你的担忧。

翻译过来，就是“每个人的生活都是一部出版物”，生活中的一切琐事，成功也好，失败也罢，都值得被记录下来。一个努力生活的人，也难免会遇到这样或那样的痛苦和忧愁。即使我们一时遭遇困境，也可以通过语言来改变自己的心态。用语言来描述生活中发生的每一件事，就如同是在描述一件文学作品一般，如此一来，就会发现自己已经能够心平气和地接受它了。

“LIFE is Contents”。这是让我最为触动的一句话，同时也是一件无往不利的武器。我至今仍然能够清晰地记得第一次读到它的情形。小学五年级，我第一次切身经历了人生的大起大落。我的父亲本是位舞蹈家，却放弃了演艺生涯，转而经营起了画廊。后来父亲因为生意失败而破产。从此，我们过上了食不果腹的生活。

在那之前，我们在世田谷区拥有着一栋三层的洋房，生活富足，衣食无忧。我父亲曾在世界各地巡演，他热爱欧洲的艺术，更是痴迷于欧洲的文化。我们家中不仅设有壁炉，就连夏加尔和塞尚的真迹也有不少。那时的我尚不清楚这些一流画作的价值，我只记得家里摆设着许多毫不实用的东西——例如画作和壁炉。我们家共有三辆车，分别是梅赛德斯、天际线和帕杰罗，都是父母的心头所好。

但是，这些名画在某一天突然全部消失了，就连那些汽车也一台接着一台不见了。孩子的直觉告诉我，家里一定发生了糟糕的事情，但孩子毕竟只是孩子，能打听到的实在是太有限了，但我知道自己改变不了什么。孩子往往比成年人更加敏感，甚至比成年人更加敏锐，能够更容易察觉到细小的变化，只是装作无所知或故作沉默罢了。

终于，我们一家人在某天夜里离开了世田谷区的房子，用一辆卡车运走了我们所有的家当。“连夜出逃”，这让早熟的我感到了不安，却又生出一种冒险的感觉。我们的目的地，是位于板桥区郊外的一个住宅区，就像经常能在电视剧里见到的那种贫民窟一般简陋。我很震惊，但生活还要继续。最让我印象深刻的是发生在第二天早上的事情。当时，我已经转学到晓星小学了。那是一所基督教会的男校，覆盖了从幼儿园到高中的所有年级，里面的学生也都来自富裕家庭，父母大都是医生、公司老板之类的富豪，也有少数几个歌舞伎家庭的孩子。可以说，大部分都是名门之后。基本上处于游手好闲状态的父亲极力反对我去这样的学校，但我的母亲不仅从小就深受音乐的熏陶，长大后更是考入了艺术学院，毕业后又成了一名歌剧演员，所以她十分坚持要给我这样的教育。

于是，我周围所有的同学都富二代。我有点不知所措，即便非我所愿，也非我之责，但如今的家境的的确确与过去不可同日而语。那么家道中落的自己，要怎么面对那些富二代同学呢？在从板桥到小学所在地——九段下的地铁上，我一直都在焦虑这一点。

现在的我，可以云淡风轻地说：家庭的经济状况与孩子毫无关联。但那时的我，内心却是五味杂陈的。好在性格开朗幽默的我，又兼具了恰到好处的霸道与力量，所以在读小学的那段时间里，一直是班上的核心人物。我有多核心呢？举个例子来说吧，我明明没有运动细胞，却还是被选为运动会的接力赛选手。孩子做什么决定都是无需负责的。

面对这种情况时，父母有两种选择。一种是保密，不告诉孩子家里的财务状况，因为这种烦恼不该出现在孩子的世界中。但是，这个秘密很有可能哪天就会从父母的强大交际网中泄露。谎言，在孩子的世界中是最可恶的东西。另一种，则是用一种幽默的方式告诉孩子。既然害怕暴露，那就自己来开这个口吧。与其被同情，不如主动博人一笑。这个社会上，既有社长的儿子，也有演员的孩子，投生在贫困家庭也不是什么见不得人的事吧？

虽然当时的我还是个不满 11 岁的孩子，但其实早已做好了思想准备，那是我记忆中第一个思想准备。我想以幽默的方式开这个口，用微笑面对自己的困境，绝不能让身边的朋友对我产生同情之心，我要让他们开心地笑。于是推开教室的拉门后，我故作神秘地看着聚集在身边的同学们，犹如自己已经掌握了《海贼王》里拉夫德鲁的确切位置一样。

“我跟你们说一件非常有意思的事情。”然后我身旁的所有人都用一种无比期待的目光看着我。紧接着，我就马上说：“我们家，破产了。”天知道当时我是用了多大的勇气才说这句话的，但我的同学们听完都哈哈大笑，然后一个个好奇地问我：“所以呢？”“那会变得多可怕？”我听得出来，他们的语气中并无丝毫同情或怜悯的成分，他们问的也都是一些很单纯的问题。全班都在哈哈大笑。当时的我心想：“啊，或许我已经沦落成生活在最底层的人了，不过能让大家笑得这么开心，也挺好的不是吗？”

因为这句话，我觉得眼前的困境其实也可以看作是人生旅途中的一段宝贵经历。虽然那时候我的确过得很艰苦，但只要能用合适的语言来描述这种不幸，就可以使之成为让所有人捧腹大笑的故事。不管我们遇到多么糟糕的事，只要使用正确的语言，就能赋予现状以全新的意义，那么这些麻烦就可能会从不幸变成机遇。只要你愿意，就能逗笑所有人，甚至能化不幸为幸事。

我在上小学的时候就已经利用语言将悲惨的经历成功转换成了最好的谈资，所以我早就深刻地体会到了语言的神奇作用。从那以后，每当我遇到一些不幸或厌恶的事时，就会将其转化为“谈资”，这会让我变得更加淡然。

这俨然成了我的生活习惯。所以，如果我遇到一些麻烦或是烦恼，首先想到的会是：“我又多了一件可以和朋友分享的谈资。”或者暗自欣喜我的“自传”又多了一个章节。如果能将自己的经历视为谈资，那么即便遇到不幸的事情，也能一笑置之了。这种推动人生不断前进的力量，也只有语言能够做到。未来，是可以通过语言创造的。同样，过去的经历也会被语言赋予不同的意义。

RHYMESTER说：**“越在意就越受伤，越受伤就越在意。”**

小林秀雄说：**“勇者在任何时候都不会忘记幽默。”**

松本人志说：**“哈，我甘之如饴。”**

“LIFE is Contents”，只要牢牢记住这句话，即便被人嘲笑，即便一时跌倒，即便失败或犯错，也能将那些惨痛的经历转变为自己的谈资、武器或财富。

掌握能够成为武器的信息

日本拥有一亿两千万人口，他们的生活方式和生活环境各不相同。因此，每个人都在说着“自己的语言”，每个人的语言都有其价值，我们一定要明白这一点。当我还是一个新人时，基本没有在会议上发言的机会，每每开口，就会收到“你给我闭嘴”的警告。

于是我想到了一个办法，参会前，我会先在网络上搜索最新的新闻。在会议上发言之前，我会以“我正好在雅虎上看到了这样一则新闻……”或“我觉得这个信息，对这次的项目多少会有些参考意义吧”作为开头，然后再加入自己的观点。抛出一个所有人都不知道的陌生信息，并借此获得发言权。

媒体撰稿人铃木修（名字为音译）曾说自己在年轻时，根本没有在会议上发言的资格。因为在那种满是行业大佬的会议上，自己压根儿就没有插话的底气。

后来一个偶然的机会，他一个人去了一次 SM 酒吧，这在当时可是一个广受争议的地方。然后在下一次会议上谈论了自己那天的所见所闻。“前几天我去了一次 SM 酒吧”，他开口道。这句话果然让全场都沸腾了起来。“啊？”“感觉如何？”所有人都立即坐直了身体，争先恐后地开口问道。

如果你有特别的经历，一定要大胆开口，说不定也可以博得满堂彩呢！现在，两代人坐在一起聊天的时候经常会发生一种现象，双方都觉得对方的人生很精彩，即使这些于对方而言只是最平常不过的经历。即使是普通的生活，只要是“另一代人的普通生活”，就是特别的经历。

人人都有发言权。一定要牢记这一点。现在，每个方面的差距都在逐渐缩小。大家都可以接受到同等的信息，年龄差距的影响也几乎可以忽略不计。这一点对年轻人来说，是更有利的。在这个年代，年龄和经验已经不能作为优缺点来看待了。那么，要在什么方面与他人拉开差距呢？语言的重要度正在不断攀升。

KREVA 大概可以算是日本最有名的说唱歌手了，他的歌中有这么一句话：我给自己发言权。可见，发言不是一种能力，而是一种权利。

推动商业发展的不是数字，而是语言

在如今的商业领域，人们已经不仅仅追求数字，更多的是在追求语言。

过去，数字一直都是商界的终极目标。

例如“只要制造成本够低，就一定卖得动”“只要能提供更好的服务，就一定能赚钱”“只要增加人数，就一定能提升销售额”，等等。

在昭和年代和平成年代，只要定下目标，那么这个“数字”就会成为所有人工作的指导方向。

“世界框架”和“业务结构”都已定型，所以只要达到目标数字就万事大吉。譬如，定一个“今年赚一亿日元”或是“明年赚两亿日元”的目标，这就够了。增长和进化的矢量已经固化，剩下的无非就是考虑“前进的距离”罢了。

而如今，矢量已经变成了一个未知数。时代在变化，速度在加快，社会与商业规则的更新往往只在一瞬之间。每个人、每家公司都开始踌躇不前，不知应该走向何方。**正因如此，能够当机立断决定发展方向的人，都是卓乎不群之人。**

在这个“必须确定矢量的时代”，我们需要的已经不是“数字”，而是“语言”，只有语言才能决定我们的发展方向。甚至可以这么说，这是一个没有语言就寸步难行的时代。

担任创意总监期间，我看遍了每个行业最新的经营状况，也更深刻地感受到每个行业都已经到达了“数字极限”。为每个项目设置重要绩效评价指标（KPI），每月或每季度对团队业绩做一次审核，每当此时，所有人都会变得忐忑不安。但是，对 KPI 的关注度越高，员工就会变得越疲惫，他们已经开始怀疑：“这个指标到底有什么用呢？”所有人在进入社会的初期，都怀着通过努力改变社会的美好梦想，谁知道最后竟会被 KPI 这种身份不明的数字追到筋疲力尽。

我们以旅行为例进行说明。如果有人突然对你说：“下个月我们走 4000 公里吧”，你会感到兴奋吗？大部分人应该都是不明所以，即便真得按这个要求执行，刚开始也一定是一脸茫然，只会想着怎么才能偷懒。一家只依靠数字来进行目标管理的公司，恰恰就是这种情况。

但是，如果有人告诉你“我们下个月去夏威夷吧”，是不是就完全不同了呢？一定会变得兴奋不已，然后开始盘算是要坐飞机去吗？选择哪家航空公司比较好？穿那种泳装更好看？

如今，能在全球站稳脚跟的公司，大都有自己定义的独特目标，且引人注目的语言（请参阅下文）。

说到这里，我想你的心中已经大致形成一个轮廓了吧，要如何借助语言的力量推动事业发展，如何用语言阐明前进方向，以及如何用语言激发员工的勇气和动力。能够使用语言来阐述未来目标，而不是单纯使用数字目标的公司或组织，往往都拥有雄厚的实力。这是因为它们可以在那个前途未明的年代，指明正确的前进道路。

或许也曾不知所措，也曾犹豫不决。但是，即便在公司内部进行激烈探讨，即便听取用户的意见或是做了充足的网络调查，都不会有明确的答案。只有历史和市场，才能验证你的决定是否正确。迷茫和犹豫，除了徒增时间成本以外毫无意义。安东尼奥·伊诺基说过一句话："别犹豫，往前走就能找到答案。"

第三空间（星巴克）

我们希望为所有人提供一个除家庭与职场之外的第三个休闲去处。这是星巴克提出的概念。舒适的环境、亲切的员工，优质的服务，都源于这句话。如果像以往一样采用数字管理，将目标设定为"在全球范围内设立6000家分店，打造高利润的咖啡馆"，那我们大概就享受不到如此周到、舒适的咖啡馆了。

组织全球的信息，让每个人都能随时、随地获取（谷歌）

这就是无人不知的谷歌。既然用了“全球的信息”一词，就说明谷歌一定会源源不断地扩充自己的信息库。谷歌也很明白自己的使命所在，所以它从未停止过发展和壮大的脚步。

接受一切社会变化与挑战（GO）

这是 GO 公司的使命。GO 的定位并非成为一家营销公司、咨询公司或是 PR 公司、广告代理公司。如果一家公司或是某个地方政府想要改革，或是接受新的挑战，就可以委托 GO 来为他们出谋划策，因为这里集结了各行各业最顶尖的专家。这个时代，没有一家公司不想改变。因为在这个时代，适应时代本身就是一种生存策略。从这个意义上说，GO 的经营模式就算得上是成功了。作为一家提供改革咨询服务的专业公司，虽然给人一种门无杂宾的感觉，但实际上我们和每家公司都能愉快地合作（自卖自夸）。

有时候，语言可以推动科技进步

这是一个技术决定高度的时代，而决定技术方向的，正是语言。如果没有人说“我想要一台可以放进口袋的微型计算机”，iPhone 就永远不会出现。无独有偶，“我想带走音乐”（Walkman），“我想要一台能清晰如人眼的相机，我要用它来记录这个美丽的世界”（8K 摄像机），“我想要一台会说所有外语的翻译机”（Poketalk）……每个推动时代发展的新产品，都是源于一句对个人需求的简单描述。

想象，然后诉诸于语言。新词、新概念和新现象推动着技术的发展，语言与技术之间的相互作用让我们的世界不断变化。可以说，语言是“用技术创造新世界的指南”。

这不仅仅是技术的问题。假设你想到了一个好点子，可是你能想到的，其他人也都能想到。但是，如果无法用合适的语言表达出自己的想法，就不会有人明白。所以一定也有不少伟大的思想和技术，因为没有得到准确的表达而未能实现。想要做成一件工作，质量能决定的其实很有限，语言才是影响结果好坏的决定性因素。大多数人还是习惯聚焦于技术方面，但如果没有合适的语言加以阐述，可能就连努力的方向都找不着。

这个世界充满着未知，每天都有全新的事物诞生，四周噪声不断，似乎是在向我们诉说着它们的持续蜕变。但这不是危机，恰恰是我们的机遇所在。**只有善于用自己的“语言”描述个人欲望和美好未来的人，才能站在这个时代的顶端。**

语言可以创造价值

随着社会日益成熟、技术日益完善、资金日益饱和，“优势”的标准已经发生了改变。

就拿我们选择汽车的标准来说吧，过去我们往往都是以车速、价格等简单的性能指标，作为汽车价值的评判标准。但现在，所有品牌的性能几乎都处于同一水平。技术进步和财富平均化，让资本主义社会逐渐变得饱和，那么这会带来什么影响呢？这个社会中所有的商品都会变得几近完美，不仅便于使用，设计也很精美。美食类的商品也都让人唇齿留香。百元商店里可以买到几乎所有的生活必需品。花个一千日元，就能在优衣库里买到质量上乘的衣服，就在不久前，我们还要在名牌店门口犹豫再三，才舍得收入囊中。吉野家的味道真不错，7-11 的小菜也让人胃口大开。

市场上随处都可以买到质优价廉的商品，正因如此，语言才显得格外重要。因为我们需要依靠语言来定义、展示和说明这些商品的附加价值。单纯的创造价值，是很难在市场竞争中生存下去的，还必须证明这一价值。

如今的人们在选择商品时，更看重的是商品名称和商品定位，而非商品本身的质量。

我将来自世界各地的圆珠笔放在桌上一一排开，想必无一不是工艺精湛的好产品吧？那么，如何让其中一支笔脱颖而出呢？首先应该强调这支笔的特点——意大利工匠纯手工打造，原木切割，精工细作。用什么来强调这一点？当然是语言啦。只有通过语言将这些特点清楚明白地传达给消费者，才有资格被贴上20000日元的价码牌。

每个事物都有它的价值，但是，**“如何体现这一价值”“如何传达”“如何让人理解”，**这些问题的答案会对最终价值产生直接影响。昭和时代的著名评论家小林秀雄曾经做过这样一个定义：**存在“美丽的花”，但不存在“花的美丽”**。

工作是为了“创造价值”和“传递价值”。

同样的一件事，有的人会觉得光明就在前方，而有的人就会觉得人生已经失去希望。这个时代，仅靠创造价值是无法取胜的。我们为了让消费者认可“这支圆珠笔很棒”的这一价值，就必须大力宣传“源于意大利工匠精心打造”这一商品优势。

创造价值和传递价值，是商业活动中最为重要的两个步骤，而且不难看出，传递价值的重要性仍在不断攀升。

这一点不仅体现在企业的市场营销方面，个人也是如此。换句话说，个人不仅要创造价值，还要将创造出的价值传递出去。

这就好比在一家公司中，总会有些人能得到快速晋升。即使他们的工作成果与其他人并无明显差别，也能得到更好的评价，获得更有价值的岗位，得到领导或者单位的器重，如此一来，自然也就能更快地得到晋升。这些人大概都对**“价值传递过程”**的重要性有着更为深刻的认识。看到这里你可能会觉得：那不是拍马屁吗？这里的“自我展示”说的可不是这个意思。

如果领导能够了解到所有下属的工作情况，那当然无需下属再展示什么了。但是，实际上这是不可能实现的，毕竟领导是人不是神，怎么能够做到对下属们的能力、成就以及项目参与过程中的积极性、热情或贡献度等充满变数且又错综复杂的情况了如指掌呢？

也许你会觉得：“如果我努力工作，总有一天会被领导看见的”。理想很美好，但我不得不说，这其实是对他人的过度相信。

对于公司或组织来说，产出结果固然很重要，但让人看到自己的努力过程则更为重要。也就是说，偶尔获得一次巨大的成功固然值得开心，但对于公司而言，更重要的是要建立一种机制，让这种成功可以毫不费力地被无限次人为复制。

在这种前提下，个人的“价值传递过程”就显得尤为重要了。从上司的高度来看，将你自己工作中行之有效的流程向领导或者公司汇报，其实也就是给原本不甚清晰的内部评估赋予一定的标准。此外，用语言归纳工作过程后，也会被平行推广，从而实现由个人技能向团队技能的转变。

那么，如果这时候有一个人愿意事无巨细地分享自己成功的秘诀和过程，会出现什么情况呢？所以如果你努力工作了，成绩也十分优异，却总是得不到正确的评价，那问题大概就出在一味创造价值，却疏于证明自己的价值上。

这可能有点麻烦，但这并非难事。下一次午餐时间，或是早晚茶时间，或是下班后的喝酒时间，不妨请你的领导或是人事评价负责人出来喝两杯，然后用一种幽默的方式向他们介绍一下你最引以为傲的成功项目吧。让周围的人都看到由你创造出的巨大价值，这个步骤绝不能省。

在说明工作价值时，请参考以下三个步骤：

1. 说明你在团队中的角色

项目负责人、经理，或者是情绪制造者？在介绍自己工作情况的同时，说明自己为项目作出的努力。

2. 阐述这个项目对公司的影响

说明这个项目可能会对公司产生多少助力，是否会创造利润机会，是否会提升公司知名度和品牌价值，是否会对招聘和股价产生影响。而且要事先说明这次的成功是可以被复制的。

3. 阐述公司（和项目）的社会意义

在上述说明之外，还需要站在更高的层面上，阐述这个项目成功后，一定会提升公司的社会影响力。这可能原本只是一个很小的项目，但如果将其扩大到对公司成长有所裨益，甚至对整个日本社会产生影响的程度，那格局就大不相同了。

通过以上三个步骤进行阐述，就可以让领导对项目的可复制性、个人的成长潜力以及社会影响力有一个更深层次的了解。再伟大的领导也只是个普通的凡人，听到这里，一定会觉得自己的头顶已经是光环笼罩了。他甚至会觉得，如果自己否定了这个项目就一定会受到指责。看样子，从项目初期开始就应该好好规划一下，如何让领导看到自己的努力。

不过也要牢记，工作的最终目的一定不是接受评价，只有认真工作，才有资格得到下一份工作。我刚步入社会时，在一家大型广告代理公司实习，做的是策划的工作，但我总是无法达到领导的要求，于是就成了一位“窗边族”。一次偶然的机会，我和一位在 IT 公司上班的女性朋友提起这件事时，她说了一句令我至今难忘的话：**“工作的奖励就是工作。”**得奖很重要，利润也很重要。但最重要的是下一个工作机会。这句话一直深藏在我的心底，时时回想。

“不战而胜”的工具——语言

在商业世界中，我们经常会听到“战略”这个词。

大多数人都觉得战略指的是战斗策略。但是，其实这个词还可以这么解释：省略战斗。

换言之，战略可以看成是“不战而胜的方法”。所以战斗时，一定要避开自己的弱项与对手的强项。如果能找到一个没有敌人的战场就更好了。与其努力战胜，不如思考如何不战而胜。这才是“战略”一词的真正含义（三浦个人见解，如有异议，敬请绕路）。

我上的是重点高中，在校时参加了柔道队，还是队里的主将。但其实，我是属于瘦小型体格，再加上重点高中最看重学生的学业成绩，所以我也不可能花太多的时间在训练上。更何况，那种诸如肌肉训练或是长跑之类的传统型体能训练，光想想就够让我害怕了。但我还是想要一个好结果，是的，我想赢。于是，我第一次认真地开始思考起了战略。我人生中的第一次战略思考内容便是：体力薄弱校的柔道选手，如何在训练时间不足的劣势条件下，击败无论是体力还是训练时间都有压倒性优势的强校对手。

在我冥思苦想之下，终于得出了一个大胆的假设："人类的所有技术，都能被破解"。

柔道强校的队员一般都是和大学生一起练习的，这些柔道高手遇见我这种技术的人，想必眼皮都不用眨一下就可以打败了。但是，如果他们遇到的是没见过的技术，那肯定就不知道该怎么防守和破解了吧。所以，就在大家拼命练习背负投等传统技巧时，我另辟蹊径，开始练习起摔跤、巴西柔术和综合格斗等其他类型的格斗技巧。

结果很有意思，虽然周围也不乏"你那哪里算柔道"或"你就这么在乎输赢吗"之类的斥责声，但我确确实实地击败了对手，而且我还是那所高中历史上第一个参加国家比赛的学生。那个时候，我已经深刻地意识到战略对比赛的重要性了，

我很清楚，所谓战略，其实就是**"为了不努力而付出的努力"**。后来许许多多的实践也证明，我的这个想法确实很正确。

例如，我读高中的时候，几乎没有什么时间学习，所以到了高三才从零开始，于是高考的时候我选择了法语作为自己的应试科目，放弃了录取率相对较低的英语。

毕业后，我进入一家大型广告代理公司工作。有一次，所有新入职的员工都被要求参加一个广告比赛，如果能拿奖，对我们而言绝对会是一个鱼跃龙门的好机会。但是据我认真观察，每家公司的新员工似乎都被强制报名参加了新人奖，相较之下一般由工作比较轻松的老员工报名参加的一般奖反倒应者寥寥，那么一般奖的获奖机会就无疑会比新人奖高出许多。于是我这个新人镇定自若地报名参加了一般奖，并获得了奖项。可以说，思考无需努力便可获得成功的方法，已经成了我的一种习惯。

如果把“战略”看成“战斗方法”，那就太狭窄了。接下来再举一个营销方面的例子吧。彩色隐形眼镜刚刚面世的时候，基本上所有的隐形眼镜生产商都在绞尽脑汁思考“让人看起来焕然一新”的镜片，只有一家公司反其道而行之，推出了“不变的你”这一概念。这成功地俘获了大部分25岁以上的职业女性，因为这个年纪的女性大都不喜欢过分浮夸的事物。我们可以用一句话来概括这个例子：脱离现有的竞争环境，大胆开拓新市场并最终获得成功。

即便已经过去十年，我也依旧觉得自己的创造力正是源于“想做出成绩”的极度贪欲和“不想付出”的异常懒惰。

请允许我重申一遍：所谓战略，就是“思考毫不费力的获胜方法”。省略战斗，意为战略，所以我一直在思考努力逃避战斗却能赢得胜利的方法，努力找到无需努力的方法，是我的毕生追求。如此一来，无论多么强大的对手，我都可以轻易击败，而且所有的工作都会变得有趣起来。

即使我没有天赋，即使我疏于练习，我也想赢——那次柔道比赛前的想法至今依旧影响着我。我所从事的市场营销、创意和PR等工作，都是为了赢得市场而采取的思考方式和技术，与物质或者资金的雄厚与否并无太大关系。

而努力找到无需努力的办法，这一想法依旧是需要依靠“语言”实现的。用语言准确定义自己的能力。用语言准确定义对自己而言真正的成功是什么。一切努力、战略、成功的起点，都是语言。

RHYMESTER说：**“语言风格离经叛道，思维逆反到差点带上手铐。”**

改变语言和思维方式后，结果也会迥然不同。

助力你的挑战

我在GO做过各种各样的工作。从独立出来前算起，我在佐度岛庸平先生创办的日本作家经纪公司CORK中做过品牌推广，在ONEOKROCK做过市场推广，在AKB和SEKAINOOWARI做过音乐影片。美国说唱歌手肯德里克·拉马尔来日本时的视频剪辑中，有一个涂黑的广告就是我的作品。此外，创业投资和事业支持这些大型广告代理公司不常涉足的领域，也是我的业务范围。

看到这么多工作内容后，想必所有人都会不禁疑惑道：这到底是一家什么公司呢？广告代理公司？PR公司？商业顾问公司？

老实说，有时候连我自己都说不明白。GO 的工作，就是那些无法按类型或者类别进行定义，但实际上又是非常简单的工作。“接受一切社会变化与挑战的公司”是 GO 对自己的定义。凭借一直以来在广告工作中培养出来的创造力，在这个成熟的社会中“打破僵局”，是我们唯一的作用。

我们的目标是加快社会中所有挑战的速度，那么，我们就会为生活在这个社会中的每个人提供援助，让他们能够更好地直面挑战，当然也包括你。拥有高学历，或是在大公司工作的人就一定高人一等？这些看似常识的说法，其实荒谬至极。我相信，只有能够帮助每个人实现愿望的社会，才能推动人类的发展。所以，GO 既不是广告代理公司，也不是 PR 公司，而是一家“突破性公司”。这是我创造的新词。所谓创造力，就是能够扫清当下社会障碍的意思。

“语言”这个东西，始终贯穿于我们的工作之中。用语言来定义新市场（营销），用语言创造和传播新概念（PR），用语言实现大公司的组织改革，以语言为核心，帮助大型音乐节和商务会议等活动获得圆满成功。即便是具有划时代意义的创作，或是超大型的项目，也都离不开语言。语言可以冲破所有的樊篱。

我的人生似乎也是如此。妻子离开家的时候，每一次感到江郎才尽的时候，无法得到公司认可的时候，被网友批判、被同行排挤的时候……我的人生满是坎坷泥泞，而支撑我排除万难、重振信心的，唯有“语言”。

我在这本书里写的，是一个在 12 年里，不，36 年里时刻与“语言”为伍，驱使“语言”，得到“语言”救赎的男人，用“语言”掌控自己人生的思维方式与技巧。语言是时刻伴随我们的伙伴，但也正因如此，总是被我们所漠视。事实上，只要掌握一些小技巧，我们的事业和人际关系就会大不相同。这种感觉，就像是第一次骑自行车，或是第一次长跑时，会发出一种“啊，我的人生可能会因此而出现一些小变化”之类的感慨吧。如果你在阅读中也能有这种感慨，那我将感到无比欣慰。

第一章

如何『转换成语言』

能脱口而出的人，究竟是哪里异于常人

“突然被人问到感觉如何，完全没回答好。”——相信很多人都有这样的体会吧。

比如还有这样的答案：“答倒是答了，可我其实都还没想好呢，真丢人。”想要学会用准确的语言来表达自己的想法，首先就要从这些问题入手。

已经不止一个人说我“脑子转得很快”了，这么说可能有种炫耀的感觉，还请各位见谅。即使突然被问到关于某些问题的见解，我也基本不会回答“不知道”。

自从担任创意总监后，每天都会接到来自各行各业的询问：“请问你对XX有什么看法?”这或是来自媒体的采访，或是来自客户公司的咨询。不仅如此，公司员工和我的亲戚们偶尔也会就

身边发生的一些事询问我的意见。

这种时候，即便我没有时间深思熟虑，但基本也是通过短暂的思考整理出清晰明确而且富有哲理的意见。因为我不仅拥有快速思考的能力，词汇量也很丰富，所以基本不会出现接不上话的情况。

而且这对我来说，其实也就是正常发挥罢了。只要勤加练习，或者说稍微改变一下思维方式和和思考方向，每个人都可以做到。上一章提到每个人的立场（思考方向）或者说对这个社会的看法基本都是固定的。例如，如果有人问你政治问题，而你的立场是"原则上支持民主主义，但也很担心会陷入暴民政治"，那么无论对方问什么，都可以基于这个立场进行回答。从这个角度来说，我作为GO公司的代表，回答问题的时候，就应该表明自己是十分支持"变化与挑战"的。所以，无论遇到什么问题，我都会从"建议做出改变"和"建议迎接挑战"这两个角度进行回答。我的立场很明确，所以面对一切问题都可以斩钉截铁地回答："这就是我的立场。"

当然，包括我在内的任何一个人都不是永无过错的圣贤，**所以这个世界上本就不存在所谓的正确答案，哪有这么轻松的事儿啊？**人这一辈子会遇到无数次的选择，例如考试、人事考核、跳槽等，如果选了错误的答案，就必然会付出相应的代价。所以，只要你的立场足够坚定，就能够轻松、快速地做出回答，而且还是相对合理的答案。所以，我们首先要做的，就是确定自己的立场。

【确定立场】

问题 1：你永远不会妥协的事情是什么？

问题 2：你希望这个社会变成什么样子？

（可以先说出一个答案，然后慢慢思考并调整。）

但是即便如此，也有些人依旧无法准确表达自己的想法，那么首先要做的，**就是彻底摆脱“万一说错了话岂不是很丢人”这种心理负担**。请允许我再说一遍，关于“你怎么看”这个问题，是不存在正确答案的。

我总是无法用语言表达自己的想法，总觉得说出来的和心里想的不是一回事，所以每到需要说话的时候，我就开始犹豫了——想必这样的人也不少。这就是所谓的无法“语言化”现象。尽管自己开口了，但总觉得还是差了那么点意思，或者总觉得自己说的话都太过平庸，或是不知不觉就说了一大段话，却依旧无法准确传达自己的想法。这类人在语言化方面，可能确实会显得有些薄弱。

但是，这都是可以通过学习和练习来克服的。而我一直觉得，日本教育中缺乏语言化课程，其实是教育机制的一大缺陷。语文课上，老师在教学的时候总会提问：“作者这么写有什么深层含义呢?”这种八股文一般酸臭的问题简直毫无意义（问学生书中“写了什么”和“你读完有什么感受”才是最重要的，作者“想写什么”这种问题不问也罢），应该让学生学会表达自己的想法、感受，也就是训练学生用简单易懂的方式表达内心想法的语言化技术。

在这里，我先对自己经常在大脑中进行的语言化方法做一个介绍。

转换成语言有其“条理性”

我们应该如何描述某个问题或事件？如果你发现无法使用语言进行描述，那就按照以下步骤试试看。当然，冰冻三尺非一日之寒，训练初期肯定会遇到这样或那样的困难。但是，语言既是武器，也是道具，只有勤加练习才能熟练运用。所有人都能拿起菜刀，也都能切碎食材，但是，一个熟练的寿司师傅或是厨师的刀工绝对可以称得上是艺术，未加练习的一般人又岂能与之相提并论呢？即便是非专业人士，只要掌握了菜刀的正确握法及使力方式，刀工也可以在短时间内突飞猛进。我将要在这里说明的便是方法、诀窍与态度。

在谈论某个问题或事件时，需按照下列步骤描述自己的想法。

0：确定立场

1：抓住本质

2：审视情绪

3：整理语言

接下来我们依次说明。

0：确定立场

这个部分在上一章中也曾提过，我们首先要做的是确定自己的世界观。但这并非难事。所谓的世界观，其实就是表明你在这个社会中的定位，以及阐明你对社会动态的喜恶。

例如，假设你是一个在贸易公司工作的商务人士，那么你是如何看待日本与美国之间关系的呢？而假如你是在当地的市政府工作，那么你对日本社会当前的 SNS 热潮是如何看待的呢？再假如你是一个独自抚养四个孩子的单身父亲，那么你对当前的工作方式改革等社会变化是如何看待的呢？

感到烦恼？还是将其视为机遇？你的立场决定了你对社会现象的看法。但归根结底，首先要做的是面对真实的内心。我在这个世界上究竟处于什么位置？思考一下希望社会发生怎样的变化，才能让自己生活得轻松无压力。如此一来就能有很多感悟。

特别是当你非常热衷某些事情甚至到了狂热的地步时，这种感悟就会变得更加起强烈。GO 公司内部就有一些创作人员，极度痴迷于自己的偶像。偶像过生日时，他甚至会在车站买个广告位来粘贴偶像的海报，可以说爱到几近疯狂。每到周末，就一定会去偶像的演唱会现场，雷打不动，哪怕最最亲密的朋友在那天结婚，也不会让他改变去演唱会的计划。GO 的工作性质，决定了我们经常要与来自各个领域的顶尖管理者接触，而这位痴迷追星的创作者事实上也是最受客户信赖的员工。难道是因为所有的管理者都追星？显然不会是这个原因。而是因为他比所有人都更了解也更痴迷于偶像商业模式，因此他可以站在消费者的角度，对偶像商业的本质内容和社交方式提出最专业的建议，所以他可以得到管理者的信任。只有最好的粉丝才能成为最专业的顾问。同时，也是因为他对于自己痴迷偶像的人生态度有一个正确且充分的认识。

如果这样也依旧看不到自己的立场，那就多看看各行各业的新闻吧，多看看身边发生的各种事情，也许就可以从中发现感兴趣或是能被触动内心的事物。不需要读完所有的报纸，只要时刻关注推特或 LINE 上的信息就足够了。只要确定了自己的世界观与处事方式，那么无论被问到什么问题，都可以基于自己的世界观进行回答，有了清晰的思维后，语言描述自然也就水到渠成了。

确定立场后，思路和意见就会源源不断地涌现出来。生活中如此，工作中也是如此。

过去，我在博报堂从事市场营销工作时，曾经遇到过一次客户与团队的创意总监之间出现意见分歧的情况。原因是他们在广告表达的呈现方式方面各持己见。这种情况下，双方都能理解对方的想法，但广告创意这种东西是不存在正确或错误的，唯一的办法就是其中一方做出让步。那时候我刚进公司不久，还是一个毫无经验的新人，只觉得客户说的很有道理，创意总监说的我也完全同意。这让年轻的我很是茫然，于是便问了一位资深的销售部门前辈：我们该支持哪一方呢？前辈只说了一句“我们要站在创作者一方”，短短一句话，充分表明了他的立场。

一般情况下，作为销售人员肯定是要听取客户意见的，所以这个回答在当时可谓是刷新了我的认知。后来他又补充道：“即便这个客户最后选择不与我们合作，市场这么大，何愁找不到新的客户呢？但是，创作者就不一样了，只要我们还从事广告行业，他们就是我们最宝贵的财富。只要能得到公司内外部优秀创作者的信赖与支持，证明自己那就是迟早的事了。但是，优秀的创作者太少了。所以公司想要长远发展，就一定要留住这些优秀的创作者。”

我不知道这个选择是否正确，但他的明确立场不仅得到了身边其他人的认可，更是大大缩短了决策时间。选择是否正确，将决定未来的走向。但更重要的，同时也是**我们唯一能做的，就是即便面对无数个选项也要坚定自己的立场。**

“即使我在犹豫这件事上花再多的时间，也得不到正确答案的。”秋元康如是说，**“一块停下的钟表，一天总有两次时间是对的。”**

1. 抓住本质

只要确定了自己的立场，剩下的就没有那么困难了。接下来我们要做的是：抓住问题或讨论事情的本质。这个步骤有时可以称为“抽象化”。换句话说，如果想要弄清我们究竟是在讨论什么问题，就不应该止步于表面现象，而要深入探寻引发这一现象的本质，并掌握其大致架构。对于许多人来说这看起来似乎很困难，但实际上并非如此。

· 省略固有名词

· 忽略时间元素

· 仅提取行为、现象和关系

归纳起来，其实无非就是这样一个过程。在说明语言化的过程中，加入了这个关于抽象化过程的介绍，这可能会让你觉得有些烦躁，但是一旦习惯这个过程后，只需要瞬间便可完成分析，所以请一定要继续阅读下去，就权当被我忽悠了一回吧。就比如我们骑车前，需要：

· 开锁

· 坐上车座

· 握住手柄

· 踩踏板（踩的过程中应确保双腿均匀施力）

看起来很是复杂的过程，可即便是小学生也可轻松完成。所以，习惯并成为一种下意识的行为是非常重要的。接下来，让我们用一个电影故事为例来说明抽象化的过程吧。

有一部电影叫《蜘蛛侠：英雄远征》。乍一听到这个片名的时候，大多数人都会觉得：

“这一定是个关于蜘蛛侠惩恶扬善的故事！”

但也仅限于此而已，至于这个片子和其他“蜘蛛侠”系列的电影有何不同，那就不得而知了。

“影片描述的是蜘蛛侠的高中生活，跳跃的彼得似乎每天都过得很开心。”如果我们用这句话来描述故事，那么说的就只是观后感，而并非故事的脉络，自然也就看不出电影的本质了。当然，我们也可以尝试以故事发生的时间为序进行描述（此处较为冗长，如果你没有时间阅读，那就请跳过）。“蜘蛛侠彼得决定在学校的欧洲游学期间向米歇尔告白，所以去游学时故意不带蜘蛛服，却在途中遭到了怪物的袭击。那天夜里，被召唤来的彼得见到了一个名叫贝克的人，贝克告诉彼得一个名叫元素的怪物正准备入侵地球，而且彼得已经被指定为钢铁侠的接班人了。彼得拒绝了战斗邀请并返回游学队伍，不过经过一段时间的思想斗争后，他最终还是决定共同加入战斗。但他认为自己没有资格成为钢铁侠的接班人，便将带有（接班人）标识的眼镜交给了贝克。岂料贝克并非他们的同盟，而是从一开始就瞄准了彼得的邪恶之人，就连米歇尔和他们的朋友也被他视为囊中之物。彼得被火车撞倒后被安置在荷兰收容所，想尽一切办法逃脱后，制作了一套新的蜘蛛服，然后连忙赶往伦敦，因为那里此刻正在遭遇贝克和同伙们的毒手，历经千难万阻后，彼得终于击败了贝克。”

这种流水账式的记录，我们常在小学生作文里看到。看似写了很多细节，虽然详尽却让人抓不住重点。

因此，首先，我们必须仅提取结构，再大体抓住其本质。那么，我们就可以套用上面的三个步骤来进行分析。为了便于大家理解，我用括号的形式补充了固有名词。

> 主角（蜘蛛侠）因为失去了自己的榜样（钢铁侠）而感到十分孤独。他与满口谎言的敌人战斗，并成功击败了对方。在这个过程中，他发现原来一直以来视为榜样的英雄（钢铁侠）并非自己唯一的目标，他找到了人生的新方向。一直以来，所有的超级英雄都是以自我牺牲的方式拯救世界，但这一次，蜘蛛侠明白了原来享受生活（和女朋友约会，与同学一起旅行，与家人在一起）与拯救世界（充当复仇者）是丝毫不矛盾的两件事。

大致就是这样一个做法。这个过程中不存在固有名词，也不存在时间顺序。只有什么人做了什么事，最终出现了什么结果，就是这样简明扼要的叙述。当然，这是一个相对高水平的归纳方式了，不过只要消除了人物、细节、时间顺序以及个人感情，就可以轻松地整理出来。

将公司组织、工作问题以及与家人和恋人的意见分歧等，也试着用这种方法进行抽象化分析后，很多事情就会变得清晰明了。熟练运用这一分析法之前，可以在笔记本或纸上边写边整理。刚开始确实会让人觉得很麻烦，不过多试几次就会游刃有余了，进而将其融入日常的生活习惯中。就如同你在思考如何骑自行车、使用智能手机或是穿西装一样。每个人都会先阅读使用手册，然后反复尝试、不断练习，只要用心学习，就会成为日常习惯的一部分。大多数人基于天赋和品味来进行思考，当然这也是一种大脑运动。掌握方法，并不断反复练习后，自然会成为一种习惯。顺便说一下，我掌握了这一技术后感到获益最多的便是高中时代，以及工作后面对无数工作报告的时候了。

2. 审视情绪

抓住问题的本质。要做到这一点，就要彻底摒弃主观意识和个人意识，要从一个完全客观的角度来看待问题。

接下来是一个相反的步骤——正确审视自己。如果你的表达内容是缺乏自己的意志、感情和观点，那么无论你说了多少都毫无意义，因为没有人会被这种话所打动。打动人心的从来都不是解说，而是情感。这是最单纯，也是最简单的步骤。

掌握了问题的本质后，再回过头来与自己的立场进行比对。然后认真思考自己对这件事的感觉。

喜怒哀乐这四个字说起来容易，但只要认真体会就会发现，很多时候我们内心的情绪其实是很复杂的。是兴奋还是愤怒？是想告诉别人还是想独自珍藏？是觉得无法原谅还是想模仿？冷静地观察自己的内心变化，用自己的理性来分析自己的情感，于是情感的轮廓便会慢慢浮现。

接下来要做的就是**思考为什么会产生这种情感**。为什么？继续问自己。为什么会这么想？重复问自己，直到得到一个自己认可、满意的答案。如果在工作或生活中重复问别人五次“为什么”，就会给人一种气势汹汹的感觉，但是如果问的是自己则毫无问题。这个阶段可能会让你感到有些痛苦，但即便这样也要坚持下去，一直到找出答案为止。正如“深入肺腑”〔1〕的字面意思所示，如果你在不断询问自己的过程中得到了一个能被自己认可的答案，那么这个答案就会宛如一阵清流沁入心肺。不用担心，你只是问自己而已，所以无需顾虑他人的目光。而且，你也一定会得到一个只有自己能找出的答案，也许是一句古老的话，自己甚至已经记不清曾在哪里见过；也许是一句只有自己明白的“独门秘语”，但它成功地得到了你的认可，这才是最重要的。

吉本的“私自营业”〔2〕曾经引起过很大的非议。当我在新闻上看到这个报道时，我内心的第一感觉是“这些艺人真可怜，无时无刻不生活在众人的目光之下”。这大概与许多人的第一感觉都不一样吧？事实上他们的行为的确对社会造成了很大的影响。而且，媒体和吉本兴业也是一副追责到底、誓不罢休的气势。媒体的报道中也是一副坚决“肃清”的态度。所以看到这些报道的

〔1〕 译者注：日语中表示“自我认可”的意思。
〔2〕 译者注：吉本公司的艺人瞒着公司私自接待客人的事件。

一般民众，都难免会以批判的目光来对待他们，甚至还有人将他们视为罪犯。那我为什么会居然觉得他们很可怜呢？原因有许多。

首先，我也曾有过某些不得为人所知的事情被媒体曝光的经历，而且那篇文章让我的名誉和感情都遭受了重大的损伤。且不管报道内容本身孰是孰非，媒体的实名曝光方式本身，就是让民众将枪口对准被报道者，这种做法会给当事人带来难以估量的精神攻击。而且据我所知，很多年轻的喜剧艺人虽然卖命工作，却只能依靠微薄的薪水糊口。另外，虽然我不清楚当时的具体情况，但是用餐时被客人要求拍照，而当事人也毫无戒心地接受了，所以我非常能够理解他们的这种服务精神……

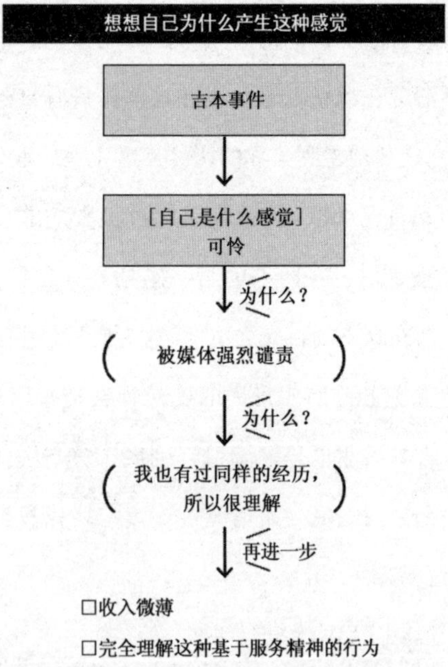

基于上述分析，我彻底找到了自己为什么会觉得他们可怜的原因。如此一来，即便我的看法与其他人完全相反，也可以淡定地向他人解释原因了。

自己的感受，是不存在正确或错误这一说法的。但是只有经过深思熟虑，才能清晰地表达出来。在审视自己的过程中，会悟出许多属于自己的语言和思想。

不管遇到什么事情，只要提取出它的结构，就可以毫不费力地提出自己的独特见解。如果只是单纯解释外在的现象，那基本上就是人云亦云了。所以，只有站在自己的立场上阐述自己的思想，才能形成属于自己的语言，才能与众不同。

3. 整理语言

到目前为止，我们已经沿着“确定立场”“抓住本质”和“审视情绪”这三个步骤走了一遍。那么最终的“整理语言”也就不再是什么难事。我们可以用烹饪来打个比方：

“确定立场”=决定要烹饪哪种食物；

“抓住本质”=确定食材；

“审视情绪”=动手烹饪；

“整理语言”=最后的摆盘；

大概就是这样的感觉。

那么我们到底要怎么整理语言呢？按照以上步骤产出思考成果后，结合说话当时的对象特征以及环境特点进行调整，这就是

“整理语言”。

·礼貌、委婉地表达

“对方的错”→“对方也有一定的责任”

·用积极的说法替换消极的说法

“只有一个了”→“还有最后一个”

·将错误归咎于自身原因

“火车因事故而延误了”→“我乘坐了一辆因事故而延误的火车”

·留下可能性

“单方面终止游戏”→“这次的游戏瞬间就结束了”

根据你想给对方留下的印象来调整说法，例如可以从不同的角度进行解释，或改变语言的顺序。这样即便描述的是同一件事，也会给对方留下特别的印象。根据想给对方的印象、想要传达的内容、说话当时的氛围以及与对方关系的不同，语言会演化出无数种呈现方式。

当然，这样的技术只不过是一种耍小聪明的手段罢了。钻石出版社曾经出版过一本叫做《传达方式占了9成》的书（佐佐木圭一著）。不可否认，表达的可能性和大部分技术都包含在传达方式之中。在语言交流的过程中，技术能够发挥出最大作用的也就是“传达方式”。**可是最后的1成，恰恰也是最重要的部分。**

“整理语言”的步骤，永远都是最后的点睛之笔。不过无需过分担心这一步，如果能够做好0～3的步骤，能够正确捕捉自己的情感，就一定能输出掷地有声的语言。完全无需为了自己没有阅读习惯而感到悲观。确定立场，把握本质，审视情感，如果尚有精力，那就整理一下语言，这样就足够了。

是否可以通过锻炼改变语言风格

或许大家会觉得，语言风格就像一种天赋，会说话的人大概天生就会说话吧。哪有这种事啊？所谓风格，其实就是经验和价值判断日积月累的沉淀。没见过精品的人肯定做不出精品，因为他们压根儿就不懂得什么才算精品。只有见识过、了解过各种各样的精品，并且通过学习对精品有了初步的判断能力后，才能正确区分精品与一般事物，继而具备创造精品的能力。语言也是如此。日常生活中，我们每天都会接收到各种各样的语言，既有脍炙人口的段子，也有简单易懂的信息，只要用心记忆，就可以得心应手地加以引用，或是提取出其中的精髓部分进行再加工。如此一来，就能输出简单易懂，或是掷地有声的语言了。

我们常说“读书好，好读书”。提高阅读量可以让我们见识到更多不同的语言表现形式，这对我们的输出能力以及表达能力都有很大的帮助。这里说的阅读量并不只限定于名著，还可以选择漫画或电影等自己喜欢的内容。甚至如果周围有一些风趣幽默或是思维清晰的朋友，也可以通过与他们交谈来提升自己的语言能力。经过一定时间的训练后，每当你的情绪发生诸如惊讶、大笑、感动或佩服等激烈变化时，就一定会有相应的描述浮上心头。

这些记忆深刻的语言片段和记忆积累，会在潜移默化中建立起属于你的语言风格。而当你意识到这一点时，可能早就已经成为他人眼中的那个能言善道之人了。

具体示例：让我们以电影为例进行说明

被人问起电影的观后感时，我们可以试着按照上述步骤进行表达。有的时候，朋友或同事也会问我们关于某部电影或者某本书的感想。明明那部电影非常有意思或是让自己很受感动，但就是找不到合适的语言来表达这种情绪。感情这种事，既无对错之分，也无好坏之别，所以怎么想便怎么说吧——我们虽然很明白这一点，却又总是难免担心如果自己的感想不够有深度，岂不是会被人嘲笑自己肤浅或是迟钝，所以每到此时便开始踌躇不决。

那就让我们再用一次《蜘蛛侠：英雄远征》的例子，说说该如何“抓住本质”吧。

0：确定立场

“我很喜欢漫威的超级英雄系列电影，也很钟情于《蜘蛛侠》系列。”——这是我的立场。当然也可能是：“我想通过各种娱乐方式，得到对生活或者对社会的启发。”确定立场后，我们再来看电影内容。

1：抓住本质

这一点在前面已经做过说明，如有需要请返回阅读。

2：审视情绪

如果用一段话来形容我看这部电影时的感觉，那一定是“有趣至极”“这与传统的美国漫威英雄形象有所不同，感觉有一点进步了”“蜘蛛侠那种优柔寡断、犹豫不决的性格，跟我还真是如出一辙啊”，然后继续深挖。

为什么我会觉得“有趣”呢？原因很简单，因为这部电影不仅节奏很快，还运用了大量最新的虚拟现实技术，所有的场景都很完美，而且很炫酷。而且，在短短的130分钟放映时间内，居然有三处高潮。电影画面让我感到兴奋，故事情节让我无比感动。我们还可以就“这与传统的美国漫威英雄形象有所不同，感觉有一点进步了”以及“蜘蛛侠那种优柔寡断、犹豫不决的性格，跟我还真是如出一辙啊”这两点进行继续深挖。

将其与过去的《复仇者联盟》系列进行比较后，就会对“这与传统的美国漫威英雄形象有所不同”的感觉有一个更加清晰的认识了。

在《复仇者联盟4：终局之战》之前，漫威英雄基本都是在进行“善与恶的斗争”，获得胜利往往都是以自我牺牲为代价的。英雄们总会在战斗中的某个关键时刻牺牲自己的生命或其他宝贵的东西以换取胜利，例如与亲人、恋人共度的美好时光。这是西方英雄主义和救世主义思想的象征，即起源于基督教的“自我牺牲才是英雄的象征与条件”。这一点在漫威系列、迪士尼系列电影，或是《星球大战》等影片中被体现得淋漓尽致。包括漫威英雄电影代表作“复仇者联盟”系列中，这也是贯穿始终的一个主题。因为在所有的这些作品中，超级英雄都会失去亲人或放弃某个宝贵的东西。

“蜘蛛侠”也是如此。在以往的电影中，蜘蛛侠总会在约会途中毅然离去，奔赴战场，为了社会安定，即便放弃自己的梦想也心甘情愿。那一直都是美国社会所追求的“英雄形象”，直到2019年之前，那也是全球社会对“英雄”的通用标准。

但是在《蜘蛛侠：英雄远征》中却出现了变化。影片中，还是个高中生的蜘蛛侠原本一直过着平静的生活，击败了袭击纽约的敌人后，他也没有放弃曾经的自己，而是以最快速度赶回到女友的身边，继续他们的约会。迄今为止的“复仇者联盟”系列中，我们总会面临着“敌人还是盟友”“是天真的少年还是蜕变的英雄”之类的选择，这就会让我们产生一种感觉：“人类只能选择其中之一，那么，你选哪个？”而《蜘蛛侠：英雄远征》却颠覆了我们的这种认知，它让我们重新意识到，原来人生中还有“两全其美”这一选项。

人生总会遇到许多岔路，也许每一条都通往康庄大道，但即便如此，我们依旧会在十字路口踌躇不前，这就是人。从这个角度来说，这部影片可以说是超越了此前的所有漫威电影，是一部具有现代社会意义的优秀作品。这就是为什么我从这部影片的蜘蛛侠身上，感受到英雄形象有所进步的原因。而且，我仿佛在蜘蛛侠身上看到了自己的身影：一个在犹豫中奋力前行的普通人……

当然，这些想法不可能瞬间在脑海中形成文字。但是通过这样的归纳，让我甚至对自己都有了全新的认识。

3：整理语言

看到这里，我想大家一定对语言的形成步骤有了大致的了解，那么接下来就是最后一步了——起锅装盘。确定自己的立场，抓住电影的本质，然后审视自己的情绪，有了这些素材，最后的整理就毫不费力了。

哪怕只是把这些素材传上 note 分享出去，我想就足够收获一堆“点赞”了。

看到这里，可能有人会说：“可是我自己做不到啊。”试想一下，有没有哪个初中生看了本田圭佑的比赛后，因为担心无法与之匹敌而从此不再碰足球呢？有没有人会因为担心自己比不上宇多田光的嗓音而放弃歌手的梦想呢？有没有人因为尾田荣一郎的海贼王太过优秀，而从此不敢再画漫画呢？荒谬！对吗？事实恰恰相反，如果前进的道路上站着一位偶像，那他就会如同领路人一般给我们力量，指引并鼓励我们勇往无前。当然，我无意自诩为偶像。

不过最后的语言调整，我还是想让你们见识一下什么才是不可超越的专业水准。所以，我想尽可能用简单但是富有冲击力的语言来进行表达。那就会是这样：

《蜘蛛侠：英雄远征》中描绘的是一个全新的英雄形象，如果用一句话来形容，那就是：二元论的超越。普通高中生和超级英雄；与恋人的甜蜜约会和为拯救世界而战。迄今为止，英雄题材的电影总是逃脱不了被迫做出选择的宿命。但是这一次的蜘蛛侠则完全不同。他虽然也有过犹豫和彷徨，但还是为了一个两全其美的结局而拼尽全力。这种极具现实主义的表现形式，让我们仿佛看到了自己的未来。

当然，我们也可以换一个就连小学生也能看明白，更加通俗易懂的说法来表达。

《蜘蛛侠：英雄远征》中的主人公，大概是迄今为止最贴近现实的英雄人物了，就像是生活在我们身边的一个普通人。他只想和平常的孩子一样在高中校园里好好学习，甜蜜约会，享受属于他的美好青春。可他又完全了解自己作为超级英雄的使命，他不得不面对凶残强悍的敌人。几乎所有的超级英雄都会毫不犹豫地选择拯救世界，所以他们能成为超级英雄。但蜘蛛侠犹豫了，他想在不放弃的前提下，履行自己的责任。这与现实中的我们何其相似，学习、工作……我们有着太多不想做却又不得不做的事，与此同时，我们又沉迷于恋爱与兴趣带来的快乐，于是我们总是在责任与欲望之间挣扎，希望能找到两全之法。

大概就是这样一种感觉。这两种说法都是对同一件事的描述，但具体的措辞和口吻则会根据对方的感觉、知识水平、立场以及希望达到的效果而改变。

在经过长期的练习后，我基本上已经可以游刃有余地表达自己的思想了，不知道大家觉得如何？当然，并非所有人都能在短时间内达到这种程度。但是首先，要勇于尝试。每个人都是从零开始学习的，不会，不是代表绝望，而恰恰是希望，这意味着你已经找到出发点和目的地了。

在漫画《烙印勇士》中有一句关于战斗的台词：**“不要祈祷，那只会浪费你的时间。”**

那么，马上让你的脑子和双手动起来吧。

利用“语言的因数分解”重新审视自己

接下来，让我们再深入谈谈创造语言的技术吧。明明已经绞尽脑汁想出一些有趣的话题，可还是没能给对方留下印象，或是迟迟无法得到对方的反馈——想必大家偶尔也会有这样的烦恼吧。或者是哪怕对方给了反馈，也不过是敷衍的寥寥数语罢了。

比如你告诉对方“我的工作不太顺心”。可是为什么不顺心，哪里不顺心，对方是无从得知的，所以哪怕他很理解你的难处，也完全不知道该怎么帮助你。最后一般也只能以“那你加油哦”告终。然后说话的人就会回答一句“我会努力的”。这种情况时有发生。这种随口一答很是容易，但是如果你没有说明白该努力什么，就可能被他人视为“没有思想”的人。

被人问到某部电影或某本书的观后感时也是如此，如果只是回答一句“很好啊”，却没有说明白好在哪里，那对方基本上就接收不到你的这种情感了。

或者，好不容易发现一部打动自己的作品，于是写了一段影评发到了社交网络上，结果却没有激起任何水花，没能给人留下任何印象。

其实，这些都是很简单的句子，以至于我们常常不假思索就说出口了。所以这才是最能表达自己此刻的心情，也是最真实的一句话。但正因为它的简单和真实，所以才很难准确明白地表达我们的情感。那么怎样才能将它加工得让人记忆深刻呢？

善于表达之人，在这种时候往往会在脑中进行一次**“语言的因数分解”**。例如，我们试着分解一下“工作不顺”这个说法。通过将这句话分解成一个一个词，并进行具体化分析，就能用准确的语言来描述“工作不顺”的具体内容了。比如“人际方面的压力很大”“工作条件太差”“想不出好的创意”“老板太差劲了”“工作没有动力”……

如此一来，“工作不顺”就被拆解成了许多个具体的内容。

还可以再深入一点按照工作顺序进行分析。

“工作”一词中包含了以下要素：换衣服、上下班交通、进公司、与同事的关系、打招呼等。

实际工作中会涉及各种项目、新人培训、检查文件内容、提出创意、开会、向领导汇报、发工资、人事评价等等。内容过多，此处就不一一列举了。每个人的工作内容和人生际遇都各不相同，所以不能笼统地用一个“工作”来指代如此众多的要素。

同理可知，“不顺”一词也是如此。没有干劲、总是失败、没有得到公平的评价、被人排挤、不喜欢公司的氛围、对工作不感兴趣、看不到努力的方向、工作太难了……这里也同样包含了无数要素。

接下来，我们模拟展示一次“工作不顺”的因数分解步骤。习惯以后，你就能在一秒钟内完成大脑分析。刚开始练习时，可以委托一个人来提问，多次重复提问并不断深入分析。如果每次提问，都能加深语言的具体层次，那就会变得更加容易理解了。

[工作不顺]

·第一层

“这里所说的工作是指什么？”→“与客户的协商”。

“不顺指的是什么？”→“不能很好地进行交流”。

·第二层

“顾客是什么人？”→项目负责人和中高层领导，他们让我心惊胆战。

“不能很好地进行交流具体是指什么？”→我满脑子都只有销售话术，却无法与客户进行愉快的交谈，总觉得我们之间有代沟。

· 第三层

“为什么看到客户的高层领导后会犯怵呢?”→没法很好地闲聊。

“为什么无法愉快闲聊呢?”→我觉得自己没什么文化修养。而且自己的这种丑态还让客户看到了，真是丢人。

暂时先分析到这里。由此可见，“工作不顺”这个问题并不单纯。

当我们用语言因数分解的方法对这个现象进行分析后，就可以明确地得出以下答案：我在与客户的管理层交谈时，让客户觉得自己没什么文化修养，感到很羞愧，也就无法愉快地继续下去了。这让我大受打击，觉得压力巨大。

顺便一提，“不顺”的原因可能不止一个。但不管原因有几个，因数分解的过程都是一样的，所以只要不断重复即可。一步一步进行实际操作后，就会发现用语言表达想法其实也不是一件太难的事情，只不过可能会花一点时间。语言就好比是一条绳索，将我们放下“意识”这一黑暗谷底，去挖掘“问题”之矿。尝试着用语言表达想法后，才会发现原来人类并不了解自己。贪图享乐的人类总是试图逃避思考，觉得这是一件麻烦的事情。在思考的过程中，一旦捕捉到例如“工作不顺”或是“很好啊”之类**易于使用且又具备概括意义的词汇，就会停止思考**。因为这句话没说错。但你没想过这句话准确吗？如果不以准确的语言进行表达，即便你具有深入思考的能力，也会因此止步不前、迷失方向。

发明之王爱迪生说过：“人类会尽一切努力避免‘思考’这项真正的劳动。”虽然只不过是“思考”一下而已。

“工作不顺”的因数分解
第一层
什么是工作？=与客户协商
第二层
谁是客户？=负责人/管理层 不能很好地进行交流是指什么？=没办法愉快地闲聊
第三层
为什么害怕和领导层对话？=没法跟他们愉快地闲聊 为什么没法闲聊=修养不足

“忧虑”是毫无意义的

通过对语言的因数分解来明确自己的想法。对人生方向或下一个阶段目标茫然或“忧虑”时，这种方法最有效。将思维内容进行因数分解并转化成语言后，问题的本质以及应对方法也就自然浮出水面了。

很多人只是一味地茫然或忧虑，却不能准确地表达，那就只能永远止步于此了。所谓“忧虑”，就是内心忐忑不安，却又不知该怎么办，这种时候，我们的思维会一直停留在同一位置，不会前进也不会逃离。就好比不流动的水或空气一样，不会产生半点涟漪。

所以一定要进行因数分解。封印住“忧虑”一词，将自己的想法进行因数分解，并用语言将其表达出来，只有这样才能诉诸于行动。

我曾经在一家大型公司工作，后来独立出来创办了自己的公司，所以经常会有来自广告业和媒体行业的朋友跟我说：“我想辞职了，现在很焦虑。”现在我已经可以100%断定，这些说着“想辞职的人”是不会真辞职的。因为他们永远都只是在焦虑，却没有把这种模糊、茫然的想法明确地表达出来。没有明确的指令，又怎么可能会有新的行动呢？换句话说，辞职需要具备两个条件：确定要从好不容易过五关斩六将才进的大型广告公司或传媒公司辞职；对未来已经有了明确的规划。

而真的想要辞职的人会跟我说“我要辞职了，你跟我多说说你的经验吧”，他们不焦虑。这些人已经对“辞职/不辞职”这两个选项进行过慎重的比较，并得出了“辞职会让我过得更好”的结论，然后才来让我给出一些具体的建议。回头想想，我决定从博报堂独立出来的时候，可从未征求过任何人的意见。我在反复思考和比较离开公司的损失和新的机遇之后，得出了应该独立出来的结论，这才递交了辞职报告。辞职对我们的人生来说，当然是一个很大的转折点，出现不安、焦虑在所难免，如果不进行深入的思考，就只会一直处在茫然和忧虑中不可自拔。不冷静的时候，呼吸和思考都会变得浅薄。所以越是遇到紧急情况，越应该深呼吸、冷静思考。

在此，我想引用一句在博报堂工作时听到某位前辈说过的话：**“天无绝人之路。我们只是偶尔会迷路而已。”**只要冷静思考，办法总会有的。

临场发言能力不足，
就先编辑语言“排序”

有些人做不到脱口而出。这些人往往不是“无话可说”，而恰恰是“想说的太多，却不知从何说起”。如果有人问你：“你觉得最重要的东西是什么？”你一定会想：“工作当然是很重要的，家庭也很重要……”，可是这么多重要的东西，该如何进行排序呢？

这时，你需要进行“语言排序”。那么，这又该怎么训练呢？首先，将你的想法转换成语言，并将它们排成一排。

如果只是依靠我们的大脑，大概会有些难以下手，所以可以拿出一张纸写下来。这样一来，就可以很直观地将他们分成“这并不那么重要”和“这更重要”等类型了。

写下一个个要素，一边看一边自问自答，这种语言的因素分解会让我们思想的轮廓变得更加清晰。分解成单个句子后再进行具体分析，就能看出对自己真正重要的东西，和不那么重要的东西，以及重要度之间的差异了。

此外，哪怕你心中有千言万语想要阐述，也不可能一次道尽。所以将它们进行排序，这样就可以剔除一些重要度低的要素了。这一步操作必不可少。

例如，当被问及对电影的看法时，如果回答的是“场景很美，CG 很棒，情节也让我很感动”，这种流水账一般的说法一般不会给人留下深刻的印象。所以挑出一个，针对“那场面真好，主要是因为……”，然后顺着这个话题往下说，这样基本就能激发对方的兴趣了。

而且决定好一个话题后，就不要瞻前顾后地纠结“我果然还是应该从另一个方面来说啊”。请记住：“确定一个谈话方向，会给对方留下更加深刻的印象。”因为人类记不住太多事情。言语永远都是“一点豪华主义”〔1〕。我记得刚刚进入博报堂工作的时候，当时的高级创意总监就曾经批评我的企划案**“要素太多，整个方案显得很拥挤”**。

站在对方的角度上进行“排序”

当你掌握如何为自己“排序”语言之后，就可以尝试着站在

〔1〕 译者注：形容在某个领域达到极致奢侈。

对方的角度进行排序了。人缘好、善于调节氛围的人往往都是擅长站在对方角度上排序的人。例如向注重养生少盐的中年男性推销酱油时，可以说：“您可以加入适量哦。”而如果想出售给注重饮食质量的家庭主妇，就可以说：“很多高级餐厅也使用这款产品的。”

但如果对主厨说“这款产品味道很棒”，基本上是不会引起对方多大兴趣的，因为他们早已对各类美味司空见惯了。但是如果你说“使用过程中不会溢出，所以不会弄脏厨房”，那大概就是不一样的结果了。

将自己置于对方的立场上，然后思考如何才能打动对方。这与思考对方的感受略有不同。

我们并不是要研究怎么说才会让对方感到开心，而是怎么说才能让对方觉得这么做是有好处的，这样才能改变对方的行为。当然，这并不容易。与对方交谈的过程中，会加深对他的了解。

如果想说的内容过多，就会不停纠结该说哪些，最终反而一句话也说不出来，只有善于排序的人才是语言高手。所以，先为自己排序，然后再为对方排序。可以说，只要能做好这两个方面，那么无论是谈判还是提案都会受益无穷。

“垂直思考”和“水平思考”

产生语言的前提，毫无疑问就是思考。思考可以大致分为两种类型，即“垂直思考”和“水平思考”，接下来我们详细说明一下。

“垂直思考”是指加深逻辑思考的方式。简而言之，就是通过不断询问“为什么”来增加思考的深度。例如，我们可以用垂直思考来分析一下吉本兴业的私自营业问题。很多人对私自营业抱着谴责的态度。但我并不觉得艺人的这种行为有多么十恶不赦。

为什么会有这种想法呢？因为我可以肯定，吉本兴业与艺人之间的合同一定是由经纪人出面签订的，而艺人则是处于被压榨的地位。为什么呢？因为吉本兴业中的“公司和个人关系”是非常错综复杂的。但是，即便个人与公司处于受雇和雇佣的关系，但原则上双方是平等的。这就是用多个“为什么”来进行分析的结果。

接下来，我们再来看看“水平思考”。这是一种通过寻找类型相似的例子，从而找出二者共通性和差异性的方法。

广告创作者之中私自营业的例子也不少。例如，某些设计师为朋友的公司设计方案，却不向自己的公司汇报。

风俗行业中的私自营业更是屡见不鲜。许多受雇于风俗店的女子会在营业的过程中和客户交换 LINE，下一次营业时，她们就会以情人的身份直接与客户接触了，这种现象似乎越来越多。

这一切问题的根源都在于：“随着社交网络的不断发达，很多人际关系已经开始脱离经营者的控制，同时也催生出了许多不可预测的商业模式。”

垂直思考是对现象的垂直挖掘。水平思考则是通过对相似事例的分析，找出二者的共通性和差异性。

请允许我再次强调，最最重要的是你必须有一个明确的立场。只要有了自己的立场，就犹如确定思维发散的起点，那么无论是垂直思考还是水平思考，都能发表出属于你自己的言论。相反，如果没有一个明确的立场，那么无论是垂直思考还是水平思考，都不会输出属于自己的建议和评论。

日本著名说唱歌手 K DUB SHINE 说：**“很多人都擅长说唱。但能够留在舞台上的，都是唱出了思想的人。”**

“比喻能力”会让很多事变得顺利

我总被人说很擅长比喻。

比喻是一种捕捉类似结构的表现手法。因此，前面提到的“水平思考”就很关键了。**捕捉某个现象的“结构”，并找到具有相似或相同结构的故事。**如果这个例子来自一个完全不同的领域，效果会更好。

例如，我曾经在应邀参加落合阳一的节目“WEEKLY OCHIAI”时，有一个很深刻的感觉：这档节目真是奇怪，居然放着落合阳一这个天才不好好利用。这个节目把大部分镜头都给了观众和制作方，所以落合阳一基本就没有时间分享他的感受和一些前沿研究了。于是我当时就说：“这像极了让鲍伯·萨普打门球。”这两者的共通点在于“让一个力大无穷的人去参加小型运动竞赛”。在这里，“力大无穷的人＝鲍伯·萨普”和“使不出力量的比赛＝门球”，这就是一个水平化的过程。

捕捉结构，并找到与其结构相同却分属完全不同的两个领域的案例。二者的结合就是比喻能力。

举个很著名的例子。曾经有人在被惹怒时说了一句“甘地都会跳起来打你”，用以告诉对方“你做事太过分了”。

二者的共同点在于：一个脾气极好的人都被惹怒了，可见此人的行径是有多可恶。

一个能说会道的人除了善于捕捉结构外，还善于利用水平思考找到看起来毫不相关的例子，并用幽默的语言进行表达。在日常对话中，如果能一个接一个地抛出原创且精妙的比喻，不仅可以让自己的语言简单易懂，还可以让对方感受到你的独特语言风格，明白你的世界观等。

顺便说一句，在制作 CM 时，如果用另一个具有相同结构的内容来呈现，往往会呈现出人意料的有趣效果。

许多喜剧演员也喜欢使用类比的方法来制造包袱，而且选取的内容也基本都是完全不同领域，或略有些差异的事物。

小崇〔1〕有一句很有名的吐槽——**“欧美!?”**南海 CANDIES

〔1〕 译者注：铃木崇大，生于 1976 年 4 月 3 日，昵称小崇，日本男性搞笑艺人、主持人。

的小山[1]也有一个家喻户晓的梗——**“用杰尼斯的节奏谈鸡毛蒜皮之事”**，这些都是很出彩的比喻方式，也很容易引起哄堂大笑。

在职场和家庭生活中，如果与他人出现了意见分歧，与其用激烈的语气反驳“我不认为你说的对”，倒不如用一些比喻，例如“你的意见就好比在小巷子里跑F1一样”或“（你之前可不是这么说的，）你的想法还真是跟八月冲绳的天气一样阴晴不定啊”。用这种段子一样的吐槽法提出不同意见时，会给人一种委婉的感觉，也不会让对方感到尴尬。

著名的硬汉派侦探小说家雷蒙德·钱德勒在他的作品中写下过这样一句话：**“弱者难以生存，不友善者没有资格生存。”**

〔1〕 译者注：山里亮太，1977年4月14日出生于日本千叶县，日本搞笑艺人。

所谓商业，就是努力说清楚“难以言喻”的事情

广告的最大特点就在于：能够用语言表达一切。广告不是艺术。如果说服不了客户，再有趣的创意也不会被世人所知。因此，每个创意都必须用语言传达给客户。在阐述设计方案时，是不能只说“总觉得很酷”或“总觉得用黄色比较好看”之类的模糊感觉的。“为什么很酷？”“为什么要用黄色？”，如果不使用语言说明，就无法得到客户的认同。

这一点，无论哪个行业都一样。当被问到“为什么要这样做”时，想必很多人都有过“那个……就是……”这种语无伦次的经历吧。不要抱怨，因为越大的项目，花费的金钱也越多，同时也就意味着需要许多人为之付出更多的时间。所以被问到理由时，就必须用语言来进行准确的阐述。

例如，当领导问你：“为什么要在这家商店优先销售这种产品？”时，你要做的应该是阐述一个明确的理由，而不是用“我觉得”一言带过。在寻找理由的时候，我们可以按照自己的直觉深挖下去，找到对应的记忆或情感。

“我记得其他类似商圈的店铺中曾经卖过类似商品，虽然不是同一个牌子的，不过销量非常好。”“包装设计与我们商店的设计风格相得益彰，我想这会吸引更多的客人。”努力搜索自己的人生经验和过去的记忆，如果发现有参考价值的内容，不妨先说出来。然后才是数据整理。在进行数据分析之前，如果没有一个“假定”，那一定会为此花费更多的时间。

不断进行语言化训练后，会形成一种被提问时能够瞬间说出答案、如运动神经一般的“直觉”。看到某个现象时，可以瞬间得出“就是这么一回事”的结论。这种直觉的重要性不言自喻。而且从以往的经验来看，“直觉往往就是答案”。虽然没有充足的理由，只是纯粹地抓住了事态的本质，也正是因为无法语言化，这种直觉反而是强烈、正确的。

但是，如果在工作中跟别人说“这是我的直觉”，周围的人是肯定不会相信的，除非说这句话的人是个大名鼎鼎的天才或巨匠。直觉是一个人基于人生经验做出的价值判断，同时也是大脑在第一时间做出的判断。也是基于所有人生经验，并从各个角度做出的综合判断。而“直觉”这种大脑判断力，还需要搭配语言使用，才能发挥出最佳的效果。将自己的直觉传达给他人，依靠的是语言。

千万不要认为：“直觉就是直觉，怎么能说得出来呢？”事实上，直觉是可以说出来的。首先，我们必须相信这一点。努力表达直觉的过程，也可以成为一门“生意”。只有准确表达了，才能获得对方的认可，才能复制成功。说出“难以言喻”的事情，才能获得收益。当然，打动他人是最重要的，但在此之前更应该“努力用语言表达”，我们不可怠慢思考。

通过堆叠信息来构建逻辑。这就是“商业”，这就是获利的过程。

“没有什么是无需争辩的。因为这个世界上只剩下争辩的必要性了。”这是我在备考时，一位预备校的老师对我说的。当时我们正在讨论看到偶像的泳装凹版印刷时，先看的是胸部还是臀部。这种议论可以说是毫无意义的，所以我觉得这无需争辩。

你能用语言表达出几成感觉？

语言只是“工具”。语言化是一种让生活变得更遂心的“手段”。

例如，我们无法用语言表达“我喜欢上了一个人”。这是一种直觉，也是我们基于这几十年生活经验感觉到的“大概是一件不同寻常的事”。

但是“直觉上喜欢一个人”，既不会打动对方，也不会让对方接纳你的感情。因此，人类之所以会积累这么多的语言，就是为了向他人传达自己的直觉，改变他人的行为，或运用到社会生活之中。当然，直觉不可能100%转换成语言。但我们依然需要传达给他人，以便让自己的思想能转换成实际的事物。语言表达本身也是一个检验我们的思维是否能够追上现实、超越现实的过程。人类一直都在脑中努力尝试，这就是人类的伟大之处。

直觉和“一种我无法用语言描述的感觉”，实际上比语言更为重要。换句话说，我们总有办法用语言描述出“难以言喻”的事情。

用直觉感受“好想和那个人一起工作”的心情。这就是直觉。有时候，只要和一个人接触5分钟、10分钟，就会不由自主地产生“我想和这个人一起工作”的念头。但其实就连自己也不知道原因。如果告诉对方“我只是觉得和你共事应该不错”，对方一定会一头雾水，觉得难以理解。而我会这么说：“我也见过不少人，但您的话可真是说到我心里去了，而且我也非常欣赏您待人接物以及说话的风格，非常期待与您共事。”这些话都对，却又都是谎话。因为连我都不知道自己是不是真这么想的。其实我们并没有自己想的那么了解自己。但是，我们的直觉又需要依靠语言表达出来。如果成功地表达了自己，那么对方就能明白你有多在乎他；而如果不说出来，那你对他而言也不过就是众多路人中的一个罢了。证明直觉、让直觉转换成行动、让直觉社会化的东西，就是语言。

那么我们心中的感受，应该如何用合适的语言传达给他人呢？

直觉不可能100%转换成合适的语言。但我们别无选择，只能用谦逊谨慎的态度来组织语言，以弥补无法达成100%的遗憾。语言是我们唯一的武器。若没有语言，我们又能用什么面对世界呢?

“忐忑之后，大胆去做。”这是汉堡王的广告语，他们总能想出全球最经典的广告创意。

尽力表达就好

以上就是关于用语言表达思想的方法了，可能还有些草率，请大家见谅。不过归根结底，与其绞尽脑汁思考语言的优先顺序，不如坚定方向，努力输出语言。量变引起质变，而反之则不成立。

用语言表达思想的过程，是一种程序化的过程。当脑中突然生出一个特别的念头，或突然冒出一个碎片信息时，如果不乘胜追击，就无法“乘风破浪”了。语言说出口后便会随风而逝，所以无需害怕，大胆表达自己吧。语言只有在生效的那一刻才会在世界上留下痕迹。即使没有人在听，但只要改变过什么，就一定会留下变化的痕迹。

在会上什么都不说其实是一种罪过。我曾在上文中多次强调，每个人都有与他人不同的想法。正因为大家需要你的想法，认可你的能力，所以才会邀请你参加会议，那你怎能一言不发呢？这时的发言并非你的权利，而是你的义务。

假设我们正在进行“一个小时的头脑风暴”。

这时，你会对新人说“你的建议毫无价值”，还是说“你提出的这个建议让我意识到这个方向是不对的”。哪怕新人提出的是毫无用处的意见，但至少，他为我们排除了无限可能性中的一个无效值。因此，在头脑风暴的过程中，不提出任何建议，不做出任何发言的人可以说是“有罪”之人。

哪怕结果是“我试过，但是没有用”，那也是一种进步。因为你已经从无限的可能性中删除了一个无效值。在广告公司，年轻的撰稿人通常会提出100多个想法。这么做的目的不是找出100个正确答案，而是通过用语言表达的方式，告诉客户什么是错的。

一般而言，最终入选的一定是第一个方案。讨论的过程中，总会出现一个所有人都觉得“就是这样”的瞬间。尽管如此，做出100个计划也是有意义的。如果其他的100个计划中没有正确答案，那就可以放心执行选定的那个计划。这就是专业人士和业余爱好者之间的区别。

广告工作中经常使用的一个词是“这个，我们验证一次试试”。所谓的验证，就是例如在确定徽标的颜色时，即便每个人都觉得“蓝色很好”，也会做出其他的颜色来。

思考的同时动手尝试，这很重要。因在涩谷109刊登卫生巾而引起轩然大波的SPUR，其创刊一周年纪念广告的文案也让众多年轻撰稿人费尽了脑筋。“时代永远因你而改变”“你的时代到来了”“Just Be Yourself”等，各种文案层出不穷，但归根结底还是“时代永远因你而改变”，语言只是为了证明这种“归根结底”。这种验证很重要。

回到正题，请先将“正确或不正确”置之脑后，总之尽力表达就好。在这个过程中，相信你很快就会找到非此莫属的表达。

即便不擅长语言表达也没关系，只要努力表达就可以了。因为，只有量变的积累才会引发质变的飞跃。高尔夫运动也是如此，只有不断练习挥杆，才能获得好成绩。撰稿人也只有写出 100 个、1000 个计划，才明白自己要的究竟是什么。

从未犯错的人不会成长。错误的次数最终将成为成长的系数。因此，即使是错误的想法，也要先努力说出来。

爱迪生也说过：**“我并没有失败，我只是发现了 10000 种行不通的方式。”**

不一定都得是自己的话，引用也可以

说到表达出来，大概很多人都会认为必须表达自己的原创语言吧？我也经常听到一句话："用自己的话来说"。但即使是靠语言为生的我，也很难做到次次都用自己的话来说。

首先我们要弄清一个问题：什么才是自己的话？这与思考自己的措辞是两码事，也不是指独创的、特殊的语言。"谢谢""我爱你""我会努力的"……这些都是十分常见的话语，但在某些场合和心境下，它们都可以成为你自己的话。换句话说，"自己的话"指的就是通过自己的思考后说出来的话。判断是否属于自己的话的标准只有一个：你自己是否也相信这句话。

我在思考自己的话时，经常会先"找样本"。所谓"找样本"就是引用一些其他人的话，这与日本的和歌有着异曲同工之妙。

在日本和歌的世界中，有一种名为“本歌取”的修辞手法。意思是引用他人之歌，创造自己之歌。

我就经常引用名人的话，将其改造成一种更加符合现代价值观的说法。

根据上下文和说话者的不同，意思也会完全不同。比如同样是一句“胖一点很好啊”，身材娇小之人和珠圆玉润之人说出来的感觉就完全不同。再比如“和平最宝贵”这句话，一个普通的日本人来说，和一个战火之中的幸存者来说，分量也是完全不同的。

说话人的立场和词汇组合的不同，都会让语言的含义截然不同。因此，不一定非得是自己的原创表达。

表达和实现内心的欲望与理想的，便是语言。如果没有语言，那这些都只是虚无缥缈的感觉罢了。同时，语言也是实现欲望和理想的方法。

语言本来就是一种组合。

创造一句全新的话是不可能的，看起来全新的一句话，其实也都是旧词汇的另一种组合。

因此，收集语言可以有效地提高语言能力。为了增加组合所需的素材，我们需要不断地收集其他人的语言。

踏进社会后，我就一直在收集名人名言。只要觉得“这句话很好”，就会马上写进自己的笔记本。对了，我的名言收集簿第一页上写的是三浦纯曾说过的一句话：“过去已经结束，未来无限可期。”

在收集他人语言的过程中，我们不仅丰富了自己的知识储备量，感情也会变得更加细腻。

不过我最近倒是不怎么记笔记了，而是更喜欢在推特上写点东西。开会发言时，如果觉得自己的某个观点还有继续深挖的价值，就会把这句话写在推特上。我无意于这句话能引发广大网友的共鸣，只是想让这个思维的火花继续燃烧下去。

记录在推特上，就如同将我的思维涟漪放流在信息的海洋中，往往会激起意想不到的浪花。这可能会让我产生新的想法。在社交网络上公开自己的想法后，可以借助众人的智慧使之成熟、完善。

博报堂 CEO 岛浩一郎曾说过：“放养你的思想吧。”也就是说，让语言的“种子”撒遍你的大脑。然后，它将会结出许多果实，并通过排列组合输出美妙的语言。

也无需词汇能力

虽说表达很重要，但也无需使用诸如“创出”“酝酿”或“诉求”之类不常用的词语。在一些年轻的公司职员写的企划案中经常会看到这些用词点缀其中，这种日常对话中基本不会用到的单词，如今俨然成了企划案的一种固定格式。事实上，这些词汇是不会打动他人的。因为这不是“因数分解”的结果，说得更直白一些：这是借来的词。我曾经问过写企划案的年轻职员：“你为什么要用‘创出’这个词？不能用创造吗？”他们的答案完全不能让我满意。

正因为这些都是大型项目，所以就更不能使用一些不常见的词汇了，因为那会让整个方案看起来很不协调。我在博报堂工作的时候，曾参与过一则点心广告的制作，某位资深的策划师在他的提案中写道：“创出现代社会巧克力派的新价值”，看起来可真是气势雄伟啊，我当时差点没笑出声来，好吧，事实上我真是笑出了声。区区一块巧克力派罢了，您是指望它拯救世界吗？实际上，只要表达出“让不爱吃巧克力派的人也爱上它”的意思不就可以了吗？（这种说法更为具体，同时也能给制作团队指出明确的方向。）

年轻的时候，大家都喜欢用一些看起来很有内涵的词语，尽管这种装腔作势的行为一个不小心，反而会暴露自己其实很肤浅。这些词语常见于呈给领导的汇报资料之中。在一个认真的领导看来，这些词的出现，就意味着你已经停止思考了。

如果你也想使用这些所谓的“高级词汇”，或者你作为一个公司领导，看到部下提交的报告资料中使用了这些高级词汇，那就应该认真地问一句：“这真的是酝酿吗？诉求指的是什么？不能用传达吗？”如果是经过深思熟虑后慎重选择了“诉求”这个词，并100%确信“诉求”是最准确的一个词，那当然毫无问题。但是如果不经任何考虑，只是单纯地人云亦云，用了一个连自己都不明白的词汇，那可就危险了。不懂世界，甚至不懂自己，这可是愚蠢的表现。“创出”“酝酿”“诉求”这种越是看起来高级有内涵的词汇，就越会让人觉得你很愚蠢，所以一定要慎用。

与其使用一些难以理解的词汇，不如用一些常见词汇进行组合，反而会有更好的效果。只要正确进行语言的“因数分解”，这种组合自然会水到渠成。堪称昭和时代日本支柱人物的“经营之圣”稻盛和夫曾经说过：**“愚蠢的人会把简单的事情复杂化，普通人会把复杂的事情复杂化，聪明的人会把复杂的事情简单化。”**

难以表达时，可以使用“语言格式”

在诸如会议和谈判之类的场合下，准备一份“语言格式”，有助于提升发言的速度。

就我而言，无论说明的是什么事情，我都会先说“分为三个要点”。

“赢得这场比赛有三个条件……”；

“与您同住有三个好处……”；

“这项工作有三个难点……”等。

刚开始，我觉得自己这种煞有介事的做法挺羞耻的，不过多试几次后，我还真养成了思考出三个要点的习惯。

“语言格式”的诀窍就是先说出三个要点，即便你并没有真的想出三个。人脑很容易妥协，对于自我暗示更是毫无抵抗力，所以只要你这样说了，就一定会想方设法编出三个要点来。就当被我骗了，总之先试一次看看。顺便说一句，即便怎么都想不出第三点，也完全有办法自救。

“……第三点，就是无论什么时候，都要严格遵守第一点和第二点的原则。”(A)

那是格式A。当然，总是这么说就难免有些呆板，那就来听听下一个格式B吧。如果厌倦了A的说法，也可以试试同样有效的B格式。

“……第三点，就是在紧急情况下，可以忽略第一点和第二点的原则。”(B)

“从结论入手”也是一种格式。“你是这么认为的，大家都这么说，那么……”如果以这种发言开场，那么在座的所有人肯定都是一头雾水，“这个人到底要说什么？”所以开场白就应该单刀直入地说：“我是这样想的”。然后再阐述原因或给出示例。

“话说回来”一词也很常见。例如，如果有人说：“这条CM的受众群是孩子，所以是不是要符合幼儿的审美。”那么我可能就会回答：**“原来如此。话说回来，动画也很不错的吧？”**这句话从逻辑上讲并非真的要表达“相反”的意思，只是为了引出自己看法的一个转折词。

第二章

创造『令人难忘的语言』

如何创造“令人难忘的语言”

也许是因为我所从事职业的特殊性，我很擅长说出一些富有冲击力的“妙语”。

说唱界有一个词叫“Punchline”，是指令人难忘，给人以强烈震撼的词句。最近我常在推特上和讲座中提到这个词，所以这个词似乎也慢慢成了商业领域中的常客。那么并非说唱歌手的我们，应该如何在工作和生活中创造“Punchline”并击中他人呢？

在“Punchline”说唱比赛的自由发挥环节，胜负往往只在一语之间。

吕布 karma〔1〕的**“语言和语言的分量完全不同”**。

FORK（ICE BAHN）的**“井底之蛙，不知海洋之广，最终只能举白旗”**等。

这些都是脍炙人口的歌词。

我们不是说唱歌手，所以不必押韵或怒骂对方，只要能说出一句给对方留下深刻的印象，且具有扭转局势威力的“震撼性语言”，就一定能成为工作和人际关系的润滑剂。

我在写策划案、写信、发短消息、在 LINE 上发长文或是回答媒体问题时，都会有意识地留下一句“Punchline”。

换而言之，为了让自己的文章在推特上引起关注，我至少需要注意以下四点：

- 够“简短”吗？
- 够“意外”吗？
- 够“有参考价值”吗？
- 明天就“可以马上做”吗？

例如，在某次关于人脉的采访中，我曾说过这样一句话：“越是想见的人，越不要主动去见。”**非常简短**。我觉得这句话必然会成为这则采访稿的标题，而且会获得很高的点击量。

这里的小诀窍就是，这句话要让其他人觉得“颠覆了自己

〔1〕 译者注：吕布 karma 及下文提及的 FORK（ICE BAHN）均为日本著名说唱歌手。

的认知”。**这就是“意外”**。随着社交网络的不断普及，我们已经可以与偶像，或是崇拜的业界大佬直接对话了。大部分人都觉得如果想要与大人物交往，当然应该制造机会、主动出击。而我那句话的意思是，想要与大人物对话，就必须先成为对他们而言有价值的人，让他们主动来找我们。**最后就是“参考价值”，而且是明天就“可以马上做”的**。在这四点的基础上进行语言的整理，让它变得更易懂、更有节奏。这些在外人看来极其自然的表达，实际上却是经过了反复咀嚼。

在演讲、会议或协商中，如果能有意识地使用一些“震撼性语言”，可能会出现意想不到的效果。那我们要如何创造出这样的语言呢？

上文中我简单地介绍了四个要点，那么接下来我们就来深入地分析一下。此处也有四个要点。

第一点是**“提升高度”**。

如果你是一名普通员工，就以部长的角度来看待问题；如果你是部长，就以社长的角度来看待问题。总之，将自己看问题的高度提升一级。

例如，假设你是一名普通员工，并且“每天都不想去上班”。“每天都不想去上班”是一般员工的感受，那么如果从社长的角度来看待这个问题，会是什么样的呢？“我们公司的问题是，员工都不想来公司。”或者还可以再进一步，将公司作为主语，会变得更有震撼力："这家公司让人没有上班的欲望。"如何？仅仅只是站在一个更高的角度看待问题，就会从"自己的观点"上升到与公司甚至社会都息息相关的问题。听完这句话，原本对你个人感受兴趣缺乏的领导也不得不慎重起来了，因为这关乎他自己的公司，甚至整个社会。

第二点是**"扩展领域，将其视为一般现象"**。

例如，某位做读者模特工作的朋友告诉你，最近在照片墙的DM中遭遇了性骚扰，并严重地影响了自己的精神状态。

那我们如何"扩展领域，将其视为一般现象"呢？我们将"女性朋友"扩展成"所有女性"，将"照片墙"扩展成"人生"，将"DM的性骚扰"扩展成"恶意"。如此一来就成了："世上的女性，只要活着就不得不遭受恶意对待"。虽然这只是某个朋友的个人经历，但一旦进行扩展，听起来就很有"震撼力"了。因为这就成了对整个社会的拷问。

或者，你的一个朋友打算从黑心公司辞职，并询问你的意见。你想告诉他："……在公司的确很辛苦。不过如果你没有拼尽全力，就不知道究竟是公司环境太不友好，还是自己不太适应所致，那么你在找下一份工作的时候就肯定会担心历史重演。"可是，如果将黑心公司、本人的工作态度以及跳槽这三件事进行扩展，就可以总结成一句很有哲理的话："只有当你拼尽全力的时候，失败才是一次前进。"

第三点是**“做反盘”**。

例如，在每个人都说“人脉很重要”的时候，如果有人说“笨蛋才会用‘人脉’这种词”，这就是典型的“做反盘”。在每个人都觉得人际关系很重要的时候说“人脉毫无用处”，听起来很有哗众取宠的感觉。

彻底成为少数派。和别人的意见完全不同。当每个人都在说“社交网络让这个世界变得越来越大”的时候，如果你说“社交网络让这个世界变得越来越小”，那就是富有震撼力的语言了，也一定会让人印象深刻。为什么？——所有人都会忍不住询问，争议由此而生。

当然，这并不适用于所有场景。“人脉毫无用处”这句话中隐藏的真实含义是“如果你注重的只有‘与人产生联系’，那是丝毫无益于个人成长的。”同样，在“社交网络让这个世界变得越来越小”这句话的背后，也隐藏着这样一个含义：每个人都可以使用社交网络与其他任何人建立起联系，但实际上真正有联系的也只是朋友和感兴趣的人而已，所以从结果而言，我们是在缩小自己的世界。将自己真正想要表达的意思，以“做反盘”的方式，抛出一句极富震撼力的语言，往往会有意想不到的效果。

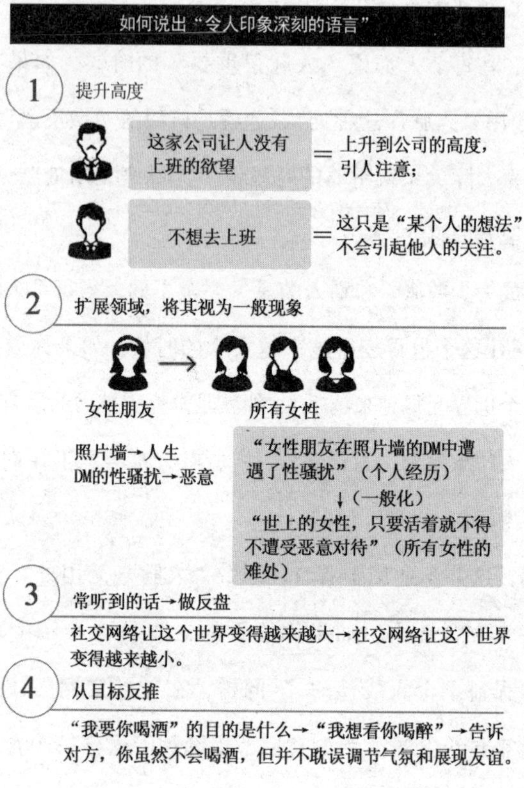

第四点是**“从目标反推”**。

如果你能说出原本被人忽略的真理和本质，那就一定会打动他人。找出本质的重点在于“从目标反推”。

我在 WEB 媒体“新 R25”的咨询专栏中看到过这样一个问题：“我不会喝酒，但很想在广告行业一展身手。我该怎么做呢？”诚然，人们总觉得“一个不会喝酒的人肯定无法在广告业立足”。大家一起喝酒的时候，会喝酒的人往往会给人留下更好的影响，而不会喝酒的人，偶尔也会被人打上“无趣”的标签。

对此，我的答案是：如果你不会喝酒，那就让人看到你其他有趣的部分。

比如就以“不能喝酒”为自黑的素材，开门见山地说：“我真羡慕会喝酒的人啊”或者“我要是会喝酒该多好啊”。

这些社会的固有观念，更会激起我从目标反推、寻找本质的斗志。首先我们要明白，“我要你喝酒”这个要求的本质是什么？在这种情况下，对方真正想要的只是“让你喝酒”这件事吗？当然不是，他要的是“我要你喝醉”。那么我们回到问题本身，从事广告业的人为什么不得不喝酒呢？因为客户想“让你喝醉”。

这么说可能有些难以理解，那就再深入一点分析吧。假如你是电视台广告业务的招标负责人，面对 A、B 两家广告公司，你会选择谁作为合作伙伴呢？显然，选一个跟你关系更近一点的人。为什么呢？因为广告业务本身的金额是固定的，也就是是 A、B 两家公司不存在金额差异。那么，如何证明“关系好”这个毫无判定基准的命题呢？那就只能靠“谁能为我喝醉”来证明了。虽然这种风气真是很糟糕，但不可否认，能否为对方喝醉来证明双方关系的“大量饮酒”式文化正是源于这种思想。到了令和时代，人们已经不会再像昭和、平成年代一样，把酒倒入鞋中一饮而尽，或是坐在小酒馆里连续喝上几个小时，不到打烊决不罢休。可如今的媒体或广告业的年轻人们，依旧习惯于通过痛饮、畅饮来增进彼此的关系。

明白了这个终极目标后，就可以反推出：只要能够证明自己与对方“足够亲近”，那么喝不喝酒也就不重要了，因为喝酒并非真正的目的。顺便说一下，我知道几家果汁也很美味的酒吧，所以大家提议去下一间酒吧继续喝的时候，我就会主动建议去那几间酒吧。

于是大家都在喝威士忌的时候，我喝的却是“无酒精西瓜鸡尾酒”或是“草莓牛奶”等饮品，真是美味。

因为我已经习惯于思考“这件事的真正目标是什么”了。发现问题的实质，并作出坦率的回应，自然就会成为一句富有震撼力的话。

市场营销有句名言叫**“客户真正想要的不是钻，而是孔”**。与其一味努力满足表面的需求，不如停下来思考一下对方真正需要的是什么。

在这个瞬息万变的时代，“常识”早就是“陈年旧事”了

要勇于质疑问题的前提!!

我在构思企划案时，总会首先对问题的前提提出质疑。例如，假如有人委托我：“策划一家全新的连锁咖啡馆，吸引更多年轻的女性，让星巴克的常客将目光转向我们的新店。”

首先，我会先对咖啡馆进行质疑。现在的年轻女性会来咖啡馆吗？真应该将星巴克视为第一竞争对手吗？

客户的需求并不是开一家咖啡馆，而是“创业”，所以我们需要从零开始，重新找到最适合客户发展的方案。

假设你是一名医生。一位病人慌忙跑进医院对你说：“我肚子疼，是阑尾炎，快点为我动手术。”这种时候，如果真的有医生相

信这个被病痛折磨到迷糊的病人，并真的准备手术，那可就危险了。当然，这种事情在现实中是不可能存在的。所谓当局者迷，更何况还是毫无专业知识的当局者。无论这位病人如何雄辩、分析自己的症状，都不能作为确诊的判断依据。越是雄辩就越是可疑，他可能只是沉迷于这种痛苦之中。每个人的潜意识中都有一种成为悲剧主角的渴望。

要勇于质疑社会常识!!

比客户要求更值得质疑的，就是常识！所谓的社会常识!!为什么呢？因为这是人类历史上最变幻莫测的时代。首先，让我们简要地概括一下技术和社会常识的变化。

· 例如，5G技术的普及，让信息的流通速度提升了100倍。特殊情况下，可以达到1000倍。实时VR传输、市内立体图像投影等技术已经成为可能。在这种前提下，娱乐方式会发生改变，关于地图的思考方式也会改变。

· 例如，区块链将变得更加普及。无论是市区町村、俱乐部活动还是偶像粉丝俱乐部，都会形成特定的社区，形成自己独特的经济圈。盈利方式的变化，意味着公司的经营方式也要随之改变。

·例如，工作方式会发生很大的改变。到2020年，日本将有2千万人（约占总人口的六分之一）选择以自由职业或副业为生。此外，日本人口中，老年人的比例将高达30%。很显然，日本的服务和福利政策也会发生重大改变。

·技术，社会制度，尤其是人口动态……没有人能从这些重大的社会变化中完全抽身而出。这些社会动态盘根错节、纷难复杂，单个领域的专家已经无法准确地预知未来了。德鲁克说：“预测未来的最好方式就是去创造它”，这既非信口开河，也非唯心主义，而是一种非常现实的生活态度。

在这个瞬息万变的时代，“常识”早就是“陈年旧事”了。举一个时代变化的例子来说明吧。虽然大家每天都在踢足球，但谁都没意识到，足球的规则竟然已经变成了“美式足球”。而更可怕的是，没有一个人说过改规则这件事。就在大家开始疑惑传统的足球规则是否还有效的时候，那个忐忑地伸出手，抱着球冲向球门的人就是最终的胜利者。

工作中时常会遇见“开会期间不要看手机”的规定。这都什么年代了，居然还有这种规定。在家的时候，我们也会一边看电视一边刷手机，或是一边刷手机一边做饭。一心多用的工作风格曾经是精英人群的代名词，但如今已成为所有人的必备技能了。据说飞鸟时代的圣德太子凡事只需过一次耳便可了然于心，也因此被尊为贤明之人。而如今我们每天都会在脸书、照片墙和LINE上与数百人同时交流，而且完全不觉得这是多么了不起的事情。因此，开会的时候使用手机，也并不意味着“思维不集中”。

想要同时且顺利地完成多项工作，开会期间使用手机就是非常合理的事情了。这个世上的“常识”，基本都是“过期食品”。

所以，首先要冷静地验证传统“常识”如今是否依旧适用。所以在做决定之前，要先勇于质疑“这种常识真的应该遵守吗？”也许就连“邮件开头的寒暄”都已经过时了。真的需要每次都说“承蒙您诸多关照”吗？我甚至觉得就连交换名片都是多余的。过了“保质期”的常识，何须遵守？行动之前，应先坦诚、有效、有逻辑地进行思考。

如果能提出与所谓“常识”不同，却又更加接近事物本质的见解，那定会震撼全场。而且，也会让更多人记住并接受你的见解。说到这里，我想起曾经为一家公司的10周年活动写过的一则文案：

“对于正在前进的人来说，‘现在’就是最新的过去。”

随时随地问自己：“为什么”

所谓的语言训练，其实就是不停地问“为什么”。每天都有大量的信息映入我们的眼帘。与同事的对话、工作中的会议，上下班途中看到的广告、让你逐渐入迷的社交网络、游戏和网络新闻……何止如此，回到家打开电视后，便是又一轮新的信息大潮。面对汹涌袭来的信息大潮，人类会自动启用脑内的防御机制。若我们认真对待每条信息，大脑就会进入超负荷运行状态，所以事实上大部分的信息都被大脑自动过滤了。

所以我要告诉你们一个时刻不忘打破砂锅问到底的简单训练法。在家看电视时，可以尝试着针对每个细节进行深入思考。

例如，我们看到阶梯式观礼台上站着许多艺人的时候，可能会忍不住开始好奇：“他们怎么这么无聊？”“他们看起来怎么一副毫无干劲的样子？”

“如果大家都不想站在那里，那节目组为什么要放置这么一个台子呢？”……一点点深入观察，并慢慢思考答案。

通过多次提问“Why”（为什么），不断重复假设与论证，可以训练出快速且准确的思考能力，并把自己培养成一个随时可以爆出金句的人。

苹果公司在进行事业规划时，曾提出一个著名的“黄金圈”理论：“我们最在乎的应该是 Why（为什么），其次是 How（怎么做），最后才是 What（做什么）”。

尽量说“自己”的事

这是一个全员皆评论家的时代。每个人都有强烈的表达欲望。发现新鲜事时写评论，看一场热门电影后写评论，在推特上写评论，在脸书上写评论，在 note 上写评论，求职过程中写评论，换工作时写评论，似乎一辈子都在写评论。在这里，我们不对这种行为是好是坏做出评价。我想说的是，这是基于社交网络形成的评价经济，以及基于逐步攀升的语言价值引发的一种不可思议的现象。我们每天都会写下许多不假思索的评论。很多人会在不知不觉间犯下这些错误：为了让自己的评论得到更多人的关注和反馈，会故意找一些大事或是漂亮事来写，这就大错特错了。

如果要写的是与自己无关的一般社会现象、新闻或媒体报道等相关的评论，那就避开一般性的描述，只要谈一些自己的感受和经历就够了。

因为单纯的概括总结任谁都能写出来。毕竟你和其他人都生活在同一个国家、同一个时代。你很难写出让人一眼难忘的“个性”语句。

所以，我选择分享一些自己的事情。只谈论自己的经验、工作、未来目标或立场，结合自己的立场来描述一些有趣的小故事。于我而言，不过是发生在身边的一些小事，可对其他人来说，则是发生在“别人身上”的新鲜事。

比如“我儿子跌倒后自己爬起来了，啊！孩子长大了!”，或者“XX 做了三种便当，分给了其他两个人吃，真是个善良的姑娘啊”我们能说的，只有自己的事情。遇到一个话题的时候，想办法为你想谈论的个人经历与这个话题建立联系。这远比单纯的概括更容易引起他人的共鸣。本书开头的“保育园进不去，日本去死”就是一个很有代表性的例子。“保育园进不去”这是一个非常普遍的社会问题，这种描述个人经验的语言非常容易引起生活在同一时代的人们的共鸣，所以才会在社会上引起轩然大波。

取一个新名字

我有一位朋友，是业内知名的优秀作家和编辑，刚刚从出版社辞职，打算自己创业。在他决定辞职后，曾就将来的方向询问过我的意见。

我建议他以后不要再使用“作家”这种大众化的名称了。“作家”这个名称的含金量不高，因为无论是谁都可以写出点东西的。最好是想一个一眼就能体现自我价值的名称来。

譬如广告公司的创作者分为“撰稿人”“设计师”“艺术总监”和“创意总监”等。

“设计师”顾名思义，就是从事设计的人，也有更尊敬一点的说法——从事优化表达工作的人。“艺术总监”的层级自然就更高一些了，是指可以对设计方案或设计方向进行把控的人。在这之上还有一位“创意总监”，是对广告和品牌的总体设计进行把控，且对项目负有最终责任的人。

正如设计师之上是艺术总监一样，把控文字世界的人，我们是否也可以称之为“语言总监”呢？

如此一来，这就是一个全新的职业了，除了写作之外，还要思考什么样的语言会对世界产生什么样的影响。换句话说，这个职业可以为这个世界创造出全新的价值。

实际上，在note等社交网络上写下自己的所思所想，这无论对我们的生活还是工作，都有着十分重要的意义。这种时候创造出价值便是“语言化”。我建议我那位朋友，为了创造出更有价值的语言，单纯的写作是远远不够的，要向世人传达“收集素材”也是语言化过程中一个很有价值的步骤这一理念。他非常赞同我的意见，所以如今他已经不再是一位单纯的作家、编辑了，还接了一项新业务：基于企业家的采访文稿，在note上以他们本人的名义写一些感想文章，结果他越来越火了。可是现在我却后悔了，因为就连我找他帮忙写文章，也得“严格”地排队等待了。

可见，为自己的职业取一个新名字，很有可能会让这份职业的价值得到显著提升。

通过“名字”改变印象

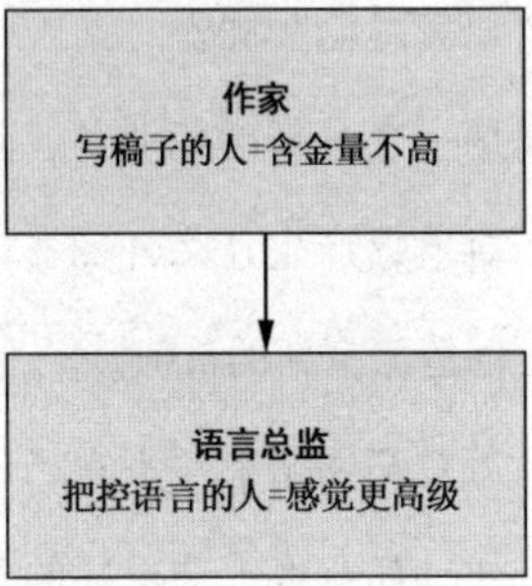

从前的“读者模特”如今被称为“网络红人”。这些人不再是传统意义上的杂志或网络媒体的模特，还通过社交网络这个大型媒介，对整个市场产生了很大的影响。

从前的“策展人”一词通常指的是在美术馆工作的专业人士，他们有权决定美术展的展品。但这个词如今已经不仅限于艺术领域了，娱乐、文化等产业的策划人也可以称为“策展人”。

可见，现在大家都在改变或创造新的职业名称。

不要固守于传统的职业名称，应结合自身“价值”重新思考。一个准确的职业名称，不仅可以体现自己给社会创造的价值，还能将这种价值准确地传达给对方。

《罗密欧与朱丽叶》中有一句非常经典的台词：**“名称有什么关系呢？玫瑰不叫玫瑰，依然芳香如故。”**

与耳熟能详的事物为伍

博报堂是仅次于电通的日本第二大广告公司。我在这家公司工作的时候就一直有一个想法：博报堂历史上最完美的广告标语，既不是“从猛烈到美丽”，也不是“生活者创意”，也不是“可爱是可以创造的”或者“冷却游泳池”等，而是“电博”一词。说起日本的广告代理公司，最具代表性的莫过于电通和博报堂这两家了。

但要说起实际的业务规模，如果电通是10，那么博报堂就是5，排名第3的ADK大约在3左右。所以电通绝对是广告界当之无愧的泰斗，当然我们也可以说电通、博报堂和ADK是日本广告界的三大巨头。“电博”一词，会让人同时联想到电通和博报堂这两家公司。换句话说，“博报堂与电通一样，都是日本广告行业的巨头”。这个做法成功地让我们的业务量急剧攀升。肆意分类，可以人为地排他，扩大自己的机会。

与“耳熟能详”的事物为伍，可以提升自己的层次。

与“耳熟能详”的事物为伍

事实上

电通/博报堂/ADK

10 ：5 ：3

↓

但如果我们以“电博”这种方式呈现，
就会让人产生一种错觉：

电通/博报堂

5 ：5

换句话说，会给人一种二者不分伯仲的错觉。

如果你正在担心某个新事物无法得到他人的关注，那就把这个新事物与一些耳熟能详的事物放在一起吧。

现在，我正在为“Laxus”时尚租赁服务平台的自由租赁服务提供建议。简单来说就是一个“租赁名牌包的会员制度”。只要每月支付大约7，000日元的会员费，就可以免费拥有香奈儿、爱马仕、LV等奢侈品箱包一个月的使用权。

如果要将这项服务介绍给媒体，我们要怎么说才比较吸引人呢？

“有人说，现在正是租赁服务的战国时代。你知道吗？音乐是租赁的，视频也可以是租赁的。如今，名牌箱包也迎来了租赁的新时代。”

说到音乐租赁，也就是订阅服务，iTunes 当然是当仁不让的业界大腕，同样，Netflix 也堪称出版物租赁界的巨头。而我们的“Laxus”不过是个初露锋芒的新生事物。但是，如果我们将这三样东西放在一起说明，就很容易让人产生“三样东西处于同等位置”的错觉。

语言可以改变“位置”

实际上，“位置”是可以因语言而改变的。这也是一种 PR 手法，把自己的东西与更强悍的竞争对手并列放置，再用一些时尚的语言建立起二者之间的关系，如此一来便在无形中提升了自己的价值。

语言不仅可以创造位置，也让别人对你的印象大为改观。我们还接待过一家名为“PayMe”的公司，那时的他们还是一家名不见经传的小公司。

“PayMe”开始是一家提供预付薪水服务的公司，但在最初的宣传中，大家甚至看不明白这究竟是一家什么公司。具体来说，曾有报道称这家公司为“贫穷技术=只做穷人的生意”以及“提供一种工资贷”。但我们认为，这项服务甚至会改变日本年轻人的工作方式。换句话说，假如你一时陷入经济危机，甚至就连兼职工作也保不住了，那你就可以求助“PayMe”，避免因为入不敷出而陷入绝境。如此一来，便可以心平气和地考虑自己将来的方向，也无需因为经济窘迫而放弃自己的梦想……我想，这个服务的出现，一定会让更多的年轻人能够更加勇敢地面对挑战。

因此，我想出了两句能够表明战略方向的文案：“工资 2.0＝工作方式变革时代下报酬方式变革”和“让日本的工资更自由”。这两句话成功地引起了全社会的关注，媒体报道和社长访谈的次数也在不断攀升。自那以后，公司的资金流开始进入良性循环，公司经营也进入了蓬勃发展的阶段。利用语言明确地阐述了公司的目标远景及其内在价值，PR 和营销也会因此发生巨大的变化。

公司如此，个人也是如此。举个例子，如果我们把某个特别喜欢出谋划策的朋友称作“管家婆”，我想对方一定不会开心的。但如果我们说她“就像大家的小妈妈一样”，是不是就完全不一样了呢？听起来就亲昵了许多。一个曾经有过辉煌的业绩，但平时并不怎么努力工作，却又目空一切的人，如果我们用“昔日英雄”来形容，就会给人一种廉颇老矣的感觉。但如果用“终极 BOSS”来形容，就会给人一种“说不定哪天又会一鸣惊人”的感觉。改变一种说法，可以轻松地改变我们的视野与思路。

俗话说“顾名思义”，其实这句话反过来也成立：当我们改变名称的时候，事物的本质也可能随之发生改变。

用数字形式体现情绪

比如你的恋人问你“你喜欢我吗”的时候，你肯定会脱口而出“喜欢啊”，然后恋人还会追问“有多喜欢?”，这真是个天大的难题！一般情况下，我们都会回答得毫无依据，比如“世界第一喜欢”或是“超超超超超喜欢!!”。因为除此之外，实在想不出更好的答案了。同样，我们在描述一个人的性格时，可能只会用到一些很简单的形容词，例如“那个人很温和”或“他很冷酷”。

让我来介绍一些令人印象深刻，却又简单易学的描述方法吧。

我还在博报堂工作的时候，某位前辈曾经教过我一种巧妙的表达方法——“用数字来体现情感”。

在南方之星[1]的《盛夏的果实》这首歌中有这样一句歌词：**“如同负100度的太阳”**。我觉得，再没有任何一句话能比这句并不真实的歌词更能表达我们心中那种呼之欲出的，强烈且真实的爱意了。温和、善良、悲伤等词汇，都无法确切地传达说话人内心的情感，但如果用一个数字来做比喻，说话人的真情实感就呼之欲出了。比如，我们可以用“70度体温”来替代“非常非常温和的性格”。

想要表达“那里的夜景很美”时，不妨用“那里的夜景至少值一百万美元”来替代，是不是就具象了很多呢？所以大声回答“超超超超超喜欢”当然可以，不过你还可以用数字来证明自己的爱，例如“我全身的60万亿个细胞都在同时爱着你”。数学和文学，是攀登“人类”这座高山的两条大路。

藤原正彦说：**“我认为数学、文学和艺术中蕴含的最重要的元素，就是美和感动。”**

数字运用的是“比较”手法——最佳位置在哪里？

PR的工作经验让我变得十分擅长“使用数字”。在我们的语言中加入数字元素，可以有效地引导他人的印象和评价。这可不是诈骗哦。稍微改变措辞，或稍微改变切入的角度和方法，有时会带来翻天覆地的变化。

[1] 译者注：日本著名乐队。

首先要记住的第一个要点，就是找到“最佳位置”。

举个例子，假如你在日本田径比赛中获得了第三名的成绩。这种情况下，通常我们只会用“第三名”来表达。那我们要如何寻找“最佳位置”呢？

假设第一名和第二名都是从初中开始就接受田径专业训练，那你就可以说自己是“从大学才开始接受田径训练的田径选手中的第一名”。

因为大部分人都认为，优秀的运动员都要从十几岁开始接受魔鬼式训练的，否则就不会取得好成绩。所以当你强调“大学开始”这个要点后，就会给所有人带去一个全新的认识：“即使没有从小接受训练，也可能取得好成绩”。如此一来，意义可就完全不同了。

在为云基金服务商 CAMPFIRE 提供 PR 时，我们运用了同样的战略方法。一般而言，评价一家公司是否实力雄厚的指标，无外乎利润值高低罢了。但是，云基金的本质，或者说 CAMPFIRE 这家服务商的经营目标，并不在于自身是否盈利，而在于客户使用了他们的服务后，业绩是否能够稳健增长。因此，CAMPFIRE 非常重视“流通总额第一”的这项指标，并进行了积极的宣传。对于云基金业务而言，这个数字的确更有意义。这项指标无疑大大增强了投资者和股东的信心。这是基于 PR 创意的商业策略。

“想要打败对手，就要找到致命的角度。角度比速度更重要。” 这是高中柔道部教练告诉我的终极战术，这同样也适用于 PR 工作。

与其关注 100 万 PV 的网站，不如做一个 100 个人购买 T 恤的网站

语言的终极价值在于打动人心、改变现状。在前面的章节中，我们已经讨论了语言的技术问题。所以在本章的末尾，我只想强调一件事。

我想再次问问那些非常注重数字，比如社交网络上的分享量、转发量、点赞量或是网站的 PV，当你们不断追逐这些肉眼可见的指标时，是否真正思考过，这些指标究竟意味着什么？

不得不说，数字的上升会让人产生强烈的愉悦感，感觉自己的劳动获得了极大的认可。但是，作为一个企业，它的经营目标应该是销售、获利以及让客户满意。而不是看着屏幕上的数字不断跳动，自己的心情也跟着忽上忽下。

假如有一百万个人同时在网络媒体上看到了一条新闻，而且

所有人都觉得这则新闻太有意思了，但这有什么现实意义呢？

比起这个，我倒是认为“看完网站后有100个人购买了T恤”更有价值。因为穿上那件T恤，就意味着他认可了这个网站，并愿意支持这个网站的发展，这远比那些庞大的数据更为宝贵。

大约四五年前，“共鸣”成了一个热门的词汇。许多创作者都将“取得共鸣”作为自己的终极目标。把自己的作品发布到社交网站上，或是在网络媒体上进行介绍后，如果能得到“这引起了我们的共鸣”的评价，他们就会忍不住喜笑颜开。**但是评价过后，又能为我们的记忆，为这个世界，甚至为那些呕心沥血的创作者们留下些什么呢？**

无论我们在社交网络上分享、扩散了多少内容，只要这些内容无法撼动他人、无法让他人改变自己、无法改变他人的价值观，那么这些就是毫无意义的内容。出现前的世界与出现后的世界毫无区别，那这些内容的存在有何价值？对我而言，内容的价值取决于情绪波动的程度。即便有一百万个人观看了CM，但只要没人记得它，就意味着这则CM无法让任何人为之动容，那这无疑就是失败之作。即便有一部视频引起了人们的共鸣，但只要没人愿意因此生出“我该试着做些什么”的念头，我也依旧会觉得这个视频毫无意义。

我在接受采访的过程中，脑子里一直都有一个念头：我一定要让看到这则报道的人记住我的某句话，哪怕只有一句。事实上，他们一般都能记住许多句。当然这些都是经过我精确设计的。我会根据既往的经验，设计出容易引发人们共鸣的语言。说话的过程中，一定要牢记“Punchline”原则。不过习惯了这个技巧后，反而不那么在乎是否会引起共鸣这件事了。

过去，人们只会以“深度”作为评判的标准。也就是说，他们能看到的只有“购买人数”。

某条汽车CM十分打动人心，该公司也因此成功地销售了100辆汽车，如此一来，就会得出“（也许是）这条CM带来了100辆汽车的销量”的结论。

如今，那些所谓的广告与实际销量间的关系已经减弱了许多，所以销量自然也就无法作为广告效果的检验标准。“YouTube已经播放了数万次”这是一个可视化的数字，所以具备了作为一项指标的条件。因此，许多人认为“扩散”必定会产生价值，但事实上，这些数据只能显示具体的访问量或是播放次数。

而真正重要的数据则应该是“打动了多少人”，这一点古今皆同。因此，我认为“扩散”数的多寡并不能说明什么，“深入人心”才是价值的唯一体现。**而若想达到“深入人心”的效果，就不得不依靠语言这把利器了。**

尼采写过名为《查拉图斯特拉如是说》的书。据说尼采去世前，这本书的第四部分仅印刷了40本，均为自费出版。但是那40本书直到今天，依然足以改变许多人的人生。我在陷入人生低谷的那段时间，也曾将这本书视为支撑我走出黑暗的精神食粮。他背负起超人这一人类的理想人格，全力以赴超越人类的意志，带给我无尽的感动。自那以后，我就仿佛浑身充满了力量，即使面对严酷的挑战也能毫不畏惧地奋勇向前。

改变一个人，远比让许多人了解你更有价值。改变一个人，就意味着你已经强大到足以改变他人了。改变一个又一个的人，就会让这个社会发生改变，最终让整个世界发生改变。如果你也想成为这样的人，那么首先要做的就是改变你的语言。

第三章

用语言打动人心

会引发改变的就是“优秀的语言”

如果一句话能推动或改变某些事物，那就可以被称为“优秀的语言”。我通常不会使用“优秀的语言”这个说法。因为我不想让大家误以为这是优美的语言、漂亮的语言或谦逊的语言。无论一句话说得多么优美、漂亮，如果它不具备推动或改变某些事物的功能，那这种优美和漂亮就毫无价值。因此，我更喜欢使用“震撼性语言”和“有效语言”这两个说法。

毕竟，语言归根结底只是“变革的催化剂”而已。

即便对于小说家和散文家这种靠语言表达为生的人而言，也是如此。他们写下这些文章的最终目的，便是希望能借此对读者的感情、生活、人生产生某种影响，这便是“语言是一种道具”的充分体现。无论是**“我是猫。我还没有名字”**（夏目漱石《我是猫》)，还是“我不会死，我也不会让他死……我把时钟调快了5分钟。”（村上龙《五分钟后的世界》）皆是如此。这些语句之所以成为经典，不单是因为其优美、有趣、简单易懂，更是因为在经过文学家们的精心加工后，它们成了可以直击读者内心的震撼性语言。

所谓语言，其实就是说话者将思想传递给他人。所以，语言是与外界产生联系的工具。例如，“去不去吃饭？”——可以尝试用这样一句非常简单的话去邀请一位关系很一般的朋友。这是一句优秀的语言吗？我想，你大概会被冷眼告知“不去”。问是问了，可结果还是一样：不去吃饭。所以这句话没有带来任何现实意义上的改变。

如果我们换个说法：“你喜欢寿喜烧吗？”可能就会激发对方的兴趣了。“今天是XX的生日。我在寿司店预定了位置，一起来吧？”如果这么说，对方应该就会同意了。“芝地有一家西红柿寿喜烧，你听说过吗？”这也是一种很不错的说法。这几种说法都有可能激起对方的兴趣，或让对方想要抽出时间赴约。无论哪种说法都很好。**这种可以引起事物变化的语言，就是我在上文中所说的“优秀的语言”**。

什么是“价值”？价值就是变化的方向和距离。这种行为、语言或项目，能带来什么改变？能带来多大的改变？这才是价值的唯一体现。日本人大多都有学生时代“做小时工”的经验，这也就直接导致很多人错误地将劳动时间与价值划上了等号。假设你在 7-11 便利店里兼职做小时工。每小时的工资是 800 日元，干满 10 个小时后，就可以获得 8000 日元的报酬。这里很容易让我们产生“一个小时价值 800 日元”的误解。事实上 8000 日元并不是 10 个小时工作时间的价值体现。而是这 10 个小时的工作所创造的劳动力价值，以及为客户提供服务所产生的价值，被以金钱方式体现了出来。

这个道理也同样适用于我们公司。GO 的服务价格比其他的创意顾问公司高出许多，很多人表示有些难以接受。尽管如此，我们依旧高朋满座。因为我们并非以“制作广告获取利润”作为自己的经营目标，而是时刻谨记“我们必须做出让客户盈利的广告”。

例如，制作一条广告的费用是 1000 万日元。但我们的客户现在的年销售额仅有 500 万日元，所以理论上应该很难拿出 1000 万日元的广告预算。但是，如果我们可以让他们认可“这是可以让 500 万日元变成 5000 万日元的 1000 万日元”，那么他们可能就会选择向银行贷款 1000 万日元，因为他们看到了这条广告的价值。换句话说，我们获取的并非“工作对价”，而是“工作成果产生的价值对价”。

“改变，让我心跳加速。”这是 2001 年为丰田卡罗拉制作的一条 CM 标语。无论何时听到这句话，内心都会生出一种对未知变化的期待之情。

在本章中，我想着重谈一谈那些会引起变化的语言，或者说，能够“打动人心的语言”。

语言打动人心的三个要点

用语言打动人心。这听起来似乎很难，但完全不用担心，因为能够打动人心的唯有语言。平时我们都会做出很多无意识的行为。只是稍稍改变意识，我们的日常生活就可能发生巨大的变化。明白这个道理后，再来看看打动人心的三个要点吧。

①明确目标

②阐明实现目标的步骤

③使用多个主语

这是需要事先牢记的三个要点。

第一个“明确目标”很好理解，正如字面意思所示，只说一个“走”字，会让人觉得不知所云，但如果说“走，一起驱鬼去”，那就十分浅显易懂了。可能就连狗、猴子和狐狸都会跟来帮忙。序章中我就曾提到过这个问题，如果一家公司想要发展，就必须先明确“发展目标”，否则就起不到指引员工方向的作用。

接下来再来谈谈第二个要点“阐明步骤”。

我曾在一家外资广告公司工作过一段时间，当时我们的创意团队将“在戛纳国际广告节上获得奖项”作为团队的最高目标。但我们公司内还有一支可以说是技压群雄的资深团队，他们几乎每年都会在戛纳广告节上拿到奖项。为此我想尽了办法，可结果却总是不尽人意。我总觉得整个团队还没有达到最佳状态。

后来我明白了，我和他之间最大的差距就在于，我没有一个明确的“步骤”。这是什么意思呢?

比如，我对整个团队下达的指示是：**“我们一定要在戛纳广告节上拿到奖项!”**为此，我不厌其烦地说了一次又一次。而他则不同，他会告诉自己的同伴：**“只要这么做，我们就一定能在戛纳广告节上得奖。”**

“要拿到”和“能拿到”，这真是一字之差导致的天差地别。

在那之前，他已经在戛纳广告节上斩获过诸多奖项，可谓是身经百战了，所以他很清楚自己的实力程度。空喊一句“加油努力”并无实质意义，倒不如定出一个跳一跳就能够到的目标，告诉大家：“只要做到这一步，我们就能成功，所以一起努力吧。”

当我们阐明达到目标所需的条件和步骤后，目标就变得更清晰、更具体了。假如我们参加马拉松比赛，但所有人都不知道具体要跑多少公里，只是盲目地向前奔跑。这种情况下，大多数人都会半途而废。没有明确的目标，就没有为之拼搏的动力。但如果有一个明确的目标呢？哪怕再远再累，所有人都会互相鼓励，互相扶持，朝目标前进。

但如果只是说“走，一起驱鬼去”这一句，目标倒是很明确，却不知道具体应该做什么。所以我们应该这么说：“这片海的尽头有一座鬼岛。上面住着一个恶鬼，只要集结五位同伴，应该就能战胜他了。”如此一来，我们就能明白自己需要为之付出多少努力。阐明实现目标所需的步骤后，会让所有参与其中的人都变得更有动力。

再说最后一点**“使用多个主语”**。

“去驱鬼”和“一起去驱鬼吧”，显然后者才是正确的表达。在表达的过程中，尽量避免使用“你去驱鬼”这种单个主语的说法，应尽量使用多个主语，例如“我们一起去驱鬼”。将视点从**“I”（我）改为“WE”（我们）后，**效果便会大不同。

漫画家小林善范[1]一直十分关注毒品艾滋病问题，他也在许多场合积极阐述了自己的观点。

在鼓励别人的时候，我们经常会说“请加油”，但日本著名歌手藤彩子女士却会说**“我们一起加油吧”**。小林善范的说话方式深受藤彩子的影响。藤彩子就是站在“WE”的角度，而非“I”的角度来阐述观点。

---

[1] 译者注：日本著名漫画家、评论家。

比如一位编辑拜托一位作家写稿的时候，如果用“请努力创作吧”的说法，就远不如**“让我们一起做出好作品”**更能让对方理解并接受自己的心情。同时，后一种说法无疑会给对方注入更多的动力。

曾是不良少年的作家百濑博教曾说过：**“语言会令人心潮澎湃。”**只有当你充分认识到这一点，说出来的话才能引起共鸣。

从数字经营转变为语言经营

其实还有一种方法可以实现用语言打动人心的目的。那就是“设定目标”。说到设定目标，想必很多人脑海中都会浮现出一串串数字吧。事实上，以数字作为目标的方法，不仅不会打动任何人，往往还会适得其反。

“我们的目标是销量同比增长 10%。”

“拼上一年，一定要比去年做得更好。”

但是这两句话，具备了指导行动的作用吗？

这个世界上，从来没有哪个人会为了提升数字而充满干劲。愿意努力拼搏的人，或是为了改变自己，或是为了让家人或朋友过上更好的日子，或是为了给这个世界带去哪怕一丁点的改变。当然，用销量增长 10%，或是比去年做得更好作为目标，最终指向的也是同一个方向。但是，工作态度可能就天差地别了。这就是语言的魅力。

因为工作的原因，我经常出席大大小小公司的各种会议。也经常见到一些人在阐述公司愿景的时候，用的是数字而不是文字。但是，愿景是指，你希望成为什么样的公司。这只能用语言来表达。换句话说，用语言阐述这家公司存在的意义和目的。用数字来描述愿景，充其量只能算是一个“目标”。我们可以用一个浅显的例子来说明，决定要去的地方，这是愿景，是目的。但我们可以使用数字作为管控这些“目的”的指标。如果这么想就很容易理解了。

所以不要将“目的”和“目标”混为一谈。

“比上一年增长 10%”是目标，而不是愿景。这也不会成为所有人努力工作的理由。因为在大部分公司中，业绩增长并不意味着现场员工的薪水也会提升。作为经营者而言，如果想要提升公司的整体实力，那么首先要做的便是“确定公司愿景，并告诉所有员工”。举个具体例子来说明吧。假如一家公司存在的目的是“为世界上的每个人提供美味的水”。那么员工就能从中感受到自己工作的意义，并愿意为之努力拼搏。这种看似毫不起眼的细微改变，可能会带来了不起的结果。当员工了解公司的愿景后，他可能会这么认为：“现在我们的产品普及率还只有 75%，那么我们应该为了剩下的 25% 而努力奋斗。”

为客户提供水，这是目的。“增加 25%”是目标。“去北海道”是目的，“再行驶10公里”是基于该目的制定的目标。如果突然被告知“再行驶10公里”，想必所有人都提不起精神来吧。

有了语言，就可以确定标准。

比如有人说“我要出版一本预言22世纪的书”，可能就有人会说“啊，现在不是才21世纪吗?”或者“原来说的是22世纪啊”。语言会改变我们的行为。

“解放女性”是香奈儿的第一个品牌宣言。所以香奈儿推出了运动风格的裙子、小手袋和陶瓷制的防锈戒指等，这些都是其发展愿景的具体体现。愿景指导行动，并不断创造出崭新、独特的价值。

“数字的逻辑”与“语言的逻辑”同样重要。

例如，在设计图书封面时，你想用黑白两色来突出一种简洁的效果，那么应该如何说服别人呢?“销量超过10万本的书，封面大都十分简洁，所以我觉得只需要用黑白两色就可以了。”这是数字。也可以说：“这本书中毫无冗赘之言，所有的语言都是为了突出本质而服务，所以我觉得封面也应该采用最简洁的设计。”这是语言的逻辑。

数字的逻辑仅能通过分析历史数据来进行判断。**而语言的逻辑在于坚定信念、大胆决策。**

正如三浦纯的那句大声疾呼：**“过去已经结束，未来无限可期。”**无论你选择数字的逻辑还是语言的逻辑，未来终究是未来，我们无从窥破。然而，正因如此，我们才能放下包袱、勇于挑战，才能敢于接受、顽强拼搏，这才是应有的判断。

语言的逻辑比数字的逻辑更重要。这一点，放之四海而皆准。

被问到“你的理想是什么”的时候，很多人都会脱口而出：“我要做个有钱人，一年赚2000万日元。”但是这个数字到底有什么意义呢？赚不到2000万日元，不是一样可以过上幸福的生活吗？7-11的东西也很好吃，优衣库的衣服也很耐穿。

数字的逻辑和语言的逻辑

数字的逻辑	语言的逻辑
因为好卖，所以“理解” （回顾过去）	制定了这样的方针，所以“理解” （一种对未来的信念）
再努力10% （不知从哪里开始努力）	为世界上的每个人提供美味的水 （找到努力的目标了）

2000万日元不过是一个目标罢了。重要的是你为什么要赚到2000万日元，只有目的才会成为人类拼搏的理由。所以一定要认真思考。

可能你“需要一年赚2000万日元”的目的在于“我想送两个孩子出国学习”。如果你是“想在东京、轻井泽和纽约这三个地方买房子”，那么你就“可能需要5000万日元”。显示数字，并不会提起人们的干劲。能让人竭尽全力为之奋斗的，只有用语言阐述的目的。数字目标的存在，是为了给认真生活的人类一个明确的提示，告诉我们怎样才能实现自己的目的。

所以如果一味地追逐数字目标，就会逐渐迷失自我。对于那些追逐2000万日元的人，就算真的实现了，他们也会说“下一个目标是3000万日元，4000万日元……”就这么陷入了无休止的贪欲之中。只有数字没有内涵的人生犹如行尸走肉。

赋予人生意义的不是数字，不是金额，而是语言。什么是幸福？什么是生存？如果不用自己的语言进行定义，就永远找不到答案。尝试用因数分解法来分析你的人生和你的幸福。当你抽丝剥茧般拨开层层迷雾，终于找到那个最简单、最质朴并愿意为之奋斗的人生目标时，**一定会有涅槃重生的感觉。**

俄国文学巨匠陀思妥耶夫斯基说过：**“哥伦布感到幸福不是在他发现了美洲的时候，而是在他将要发现美洲的时候。所谓幸福，在于发现生命的这个不间断和无休止的过程，而完全不在于发现结果本身。”**如果你能对幸福有独到的理解，那么寻找幸福的过程本身，就是莫大的幸福了。

用语言改变与他人的关系

我一直都在强调，语言是“建立关系”的工具。理解这一点并善加利用，你就可以进行“关系设定”了。

委托我们工作的人，我们称其为“顾客”。这是委托方的意思。但我想改变一下委托方与承包商之间的关系，于是在我的公司中，所有人都必须称委托方为“合作伙伴”。改变称呼，带来的不仅仅是业务供需关系的改变，还会创造出一种处于对等位置上共同创造新价值的关系。

顺便说一句，电通把顾客称为“客人”，博报堂则称为“服务方”。甚至即使在同一家广告公司内，大家口中的称谓也各不相同，说起来还真是一个有趣的现象。一些顾问公司将自己的客户称为“支援方”。“支援方”这个词略带有一些俯视的感觉，想必这就是他们自我认知的体现吧。

应该将业务伙伴视为“顾客”还是“合作伙伴”？应该将广告公司定位为“代理商”还是“供应商”？应该拜托媒体“报道”还是“介绍”？……

使用词汇的不同，会让你与对方建立起一种全新的关系。如何看待对方，使用什么语言，决定了你将与他人建立起什么样的关系。反过来说，你可以通过语言来掌控与他人的关系。所以，我们眼里看到的不能只是语言本身，而是要看到**“语言将带来什么改变”**。

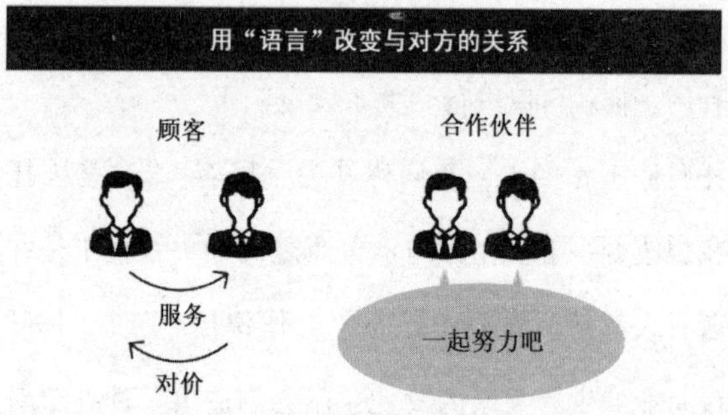

“如何定义对方”取决于“对方对我来说是一种什么样的存在”。

当我与他人谈起自己公司的员工时，我用的都是“我的同伴”这个称谓，而不是“我的员工”。顺便一提，格斗家青木真在提起自己的朋友时，用的也都是“家人”这个词语。如果能够有意识地善加利用，你就可以通过设定关系大幅改变自己与他人之间的距离。

许多销售人员在致电客户的时候会以其名字作为称呼。

称呼名字可以表明“你对我很重要”的态度。接通电话后先说一句“XX先生/小姐”，然后再开始介绍“我们的产品……”，这种销售方法能够有效拉近与对方的距离。

曾经有一个名为“Call Her Name”的试验，就是为了验证叫对方名字会带来什么样的效果〔1〕。日本人很少会直呼妻子的名字。有人还特意为此拍了一部纪录片——喊你妻子的名字试试看。

导演找了几个平时都只会叫妻子“喂”或者“那个”的人，让他们试着叫妻子的名字。结果证明，这个做法能瞬间增进夫妻感情。甚至有几位妻子还出现了久违的心动感觉。语言有时会发挥巨大的生理性和物理性功能，并直接影响你与他人之间的关系。

“所以，我们算是什么关系呢？”记住，当异性这么问你的时候，就意味着你们的关系开始变得非比寻常了。

语言改变，印象也会随之改变

有的时候，即使只有短短两个字，也可能大幅改变与他人之

〔1〕 译者注：日本人的称呼方式与中国人不同，他们习惯以姓氏称呼，而不是名字。

间的关系。漫不经心的语言进不了对方的内心，而用心设计的语言则可能带来出乎意料的惊喜。

一般而言，广告公司的企划书上都会写着“XX 提案”。例如“关于推广新产品‘满意蔬菜’活动的提案”。

但是我们公司从来不会在企划书上写“提案”两个字。因为“提案”这个词会给人一种低姿态的感觉。概括而言，这会向客户传递一种信息：“您要不要尝试一下这个方法呢?”

广告公司在使用“提案”一词的时候，是将自己放在了比客户低一级的位置上。而我们这些人，说是市场营销和创意企划的专家也毫不为过。因此我们在这个领域中，毫无疑义拥有着他人所无法匹敌的智慧、成就和经验。所以，我们从不说“提案”。使用“提案”这个词，就意味着你把主动权交到了对方手里。由对方决定是否接受这个企划案。GO 从来不会这么做。我们在提交企划书并阐述设计思路时，会告诉我们的客户这是“关于……的创意”或“关于……的企划案”，因为我们提供的不是建议，而是答案。

听取了我们的方案后，有些客户会指示“你们按我说的做”，广告公司的销售人员听到这句话后，一般就会回来告诉创作者：“这个方案需要重做”。而 GO 则不然，我们始终认为双方是处于平等的位置，所以我们会尽量避免使用这种措辞。因为这对于呕心沥血的创作者而言，是非常不尊重的行为。

所以即使客户有要求，我也只会对创作者说：“既然客户有这样的建议，那我们就尊重他的意思吧。”

同样，我们也不会要求设计师等创作者“修改”方案。而是会用“希望做出一个新版本”或“希望看到另一种方案”等说法。所谓“修改”，是指正确的一方让错误的一方改正错误的意思。但是设计师们的设计经验远比我更加丰富。虽然我作为创意总监，的确拥有主导权，可以提出不同的看法，但即便如此我也不会用“修改”一词，因为这是对辛苦创作的设计师的不尊重。

所以要时刻谨记“言必虑其所终”。是否被人尊重，往往体现在语言的细枝末节处。所以一句话可能会对员工的心态，甚至成果产生巨大的影响。

要时刻保持对语言的高敏感度。

即便随口说出的一句话，都要经过深思熟虑方能出口。

我经常向下属分享“说话技巧”。

以 PR 的工作为例。假设一家公司发布了新产品，为他们提供 PR 支持的是我们 GO 公司。那么当我们找到媒体的编辑部并拜托他们刊登相关内容的时候，我们一般会采用这种说辞：“我们已经写好新闻稿并发送给您了，可否请您帮忙介绍一下我们的产品？”但也有一些年轻的下属会用“请帮忙写一篇报道”的说法。“请帮忙介绍”“请帮忙报道”“请帮忙刊登”——这种情况下的说辞有很多种选择，但是“请帮忙报道”的说法最低级。这会给人一种“你写什么都可以，只要帮我写了就行”的感觉。

所以每次我看到 PR 人员用“报道”这个说法时，都会生出一种想开除他的冲动。

“煽情”这个词也是一样。这个世界上到处都是偏离本质的低级词汇。如今的很多用词，都会给人一种目光短浅的感觉，潜台词就是“过程不重要，我要马上看到结果”。

为什么会这样呢？也许是因为他们的历练、见识还不足以让他们明白应该站在他人的立场上，为他人着想这个道理。这是一个急于求成的时代——“我希望明天就能看到这些数字”。公司的某些 PR 人员在发送新闻稿后，也总习惯交代一句：“可否请您明天就写出一篇报道。”如果站在对方角度上思考，就会明白这是多可笑的一句话了。但是，他们都被眼前的利益所蒙蔽，完全没有意识到这一点。他们将自己的全部身心都献给了眼前的利益，却忽略了作为一个人，一个社会成员不得不考虑的事情。但这个理论反之也成立：这也是一个只要注意言辞，便可脱颖而出的时代。

例如，收到稿子的时候，说**“谢谢”**或**“很棒”**，一定会比说“没问题”更让对方感到开心。我也经常教导年轻人，一定要给对方足够多的热情。需要修改方案的时候应该说**“我们一起来完善一下这个地方”**，而不是“请修改这里”。只要用心地理解和学习，就一定会感到受益无穷。

在行动前，一定要将自己想象成对方，站在对方的立场上考虑问题。不经思考的语言不仅粗俗，还会给对方带来伤害。这和

“信守诺言”一样，是作为一个人最基本的道义。

我相信语言。

就好比每天喝牛奶的人可能会说：“我真的很喜欢牛奶”，但我认为他们实际上是因为“相信牛奶的价值”。但凡有一点疑虑，就不会每天都喝牛奶。我也相信语言的价值，并对语言抱有敬畏之心。当然，这是肯定的。

但也有一些人，总是说话不经大脑，这是因为他们这样的人缺乏对言语的恐惧。对表达这件事缺乏敬畏之心。他们应该变得更胆怯。没人敢在危险人物面前造次。

语言就是“危险人物”。面对语言的威力，他们应该表现得战战兢兢。我们所有人都拿着武器，惴惴不安、心惊胆战地努力生存。我希望你也能做到这一点。语言可以杀人于无形。语言也可以救活一个人。这不是危言耸听，所以切勿不当一回事。没有一句话是可以不假思索就能说出口的。政客们常说：“我收回自己说过的话。”骗人的。说出去的话就是泼出去的水，岂能收回呢？你说过了，就是不可否认的事实。并且那些话已经带给某些人无法治愈的伤害了。别无选择，你只能接受因这句话而发生改变的世界，或者，在必要的时候再次努力改变它。

相信语言。**并给予同样程度的敬畏。**

芥川龙之介说：**“生活就像一盒火柴。严禁使用是愚蠢的，而滥用则是危险。”**面对语言，我想也应该是这样的心态。

几乎所有人都不擅长谈判

许多人不擅长谈判。或者说，很少有人善于谈判。这同样也是因为没有掌握好语言的使用与控制方法。

日本人几乎都不善于谈判。大家都觉得所谓谈判，其实就是在互相提出意见后进行讨论，最终决定采用其中一方的意见。一对夫妻在关于“该买什么房子”进行谈判时，也会先提出自己的意见，例如“我喜欢公寓”“我喜欢独栋”等，然后一起讨论，最终以一方妥协结束谈判。

事实上，谈判的第一步，同时也是最重要的一步在于理清“双方真正想要什么？”

例如，你要在办公桌旁使用平衡球。但是，公司告诉你“只能使用指定的椅子”。

那你该如何谈判呢？

这里应该深入探讨的问题在于：你想要的真的是平衡球这件东西吗？并非如此。

你真正想要的其实是“更健康”以及“更有精神”。那为什么不跟公司说“我用椅子，但我希望能使用平衡球。”如果这样还是被否决，那你也可以选择定时起身稍微舒展舒展筋骨。

在两者之间出现利益冲突的时候，找出对方真正想要的东西，这才是谈判。为此，你必须准确表达自己真正的诉求。谈判这件事通常会被认为是否定对方的意见，或是找出妥协的方案。但最开始的重要步骤其实应该是找出**“我和你分别想要的到底是什么?”**起初一定是混沌不清的，但随着彼此探讨的不断深入，一定会突然领悟“原来这才是我们真正想要对方做的事。”找到“欲望的轮廓”很重要。

谈判不是战斗，而是有着共同利益的两个人为了找出更好的解决方案而进行的合作，这一点请务必牢记。然后才是互相讨论，慢慢接近彼此的需求。

肯尼迪说：**“让我们永远不要惧怕谈判，但永远不要因为惧怕而谈判。”**谈判在日常生活中随处可见。既然如此，与其惧怕它，不如坦然享受这个过程。

告诉对方“你也能获益”

再多谈谈关于谈判的话题吧。我们在谈判的过程中往往习惯于自始至终“从一个角度推进”。一心想着如何为自己争取更多的利益。

但你是否想过如何告诉对方，这么做不仅可以为你争取到利益，对方也能获取不少利益，这就双方而言是一种共赢的操作方式？这很重要。

例如你想买一套高尔夫球具，并为此征求妻子的意见。

这种情况下，如果一味地说明这套球具会给自己带来多少好处，或是高尔夫球如何有吸引力，自己有多迷恋高尔夫球，想必都不会有任何效果。甚至可能适得其反。

“我想要一套高尔夫球具！”如果你这样说，那么你的妻子可能会说：“你每个月都有 4 万日元零花钱，只要不多跟我要钱，那就买。”所以这种说法完全没有意义。这不是谈判，只是一种条件的比对。

这种情况下，应该冷静思考，购买高尔夫球具这个行为会不会让对方也受益。购买了高尔夫球具后，丈夫通常会在周六和周日外出打球。这样妻子就可以一个人在家悠哉悠哉地过一天而无需伺候丈夫。

所以你可以这么说：“我买高尔夫球具这件事对你也有好处啊。对我来说是一套高尔夫球具，但对你来说可是一整天的自由啊。周末我出去打球，你就不用照顾我了啊，所以花个 10 万日元让我们都开心不是很好吗？”

说明利益的时候，应从各个方面入手说明，而不是只强调自己会从这件事中获得多少利益。黑白之间有一个“无限的空白”。很多时候并非一定要在 A 和 B 之间选择一个，而是 **A 与 B 之间一定有一个尚还披着神秘面纱的解决方法**。

曾在 Recruit、LINE、ZOZO 以及日本大型风险投资公司从事媒体相关工作的田端信太郎曾说过：“‘manage’的工作就是**在两种情况都不成立的时候，努力进行协调。”**

想出“另一个理由”

在谈判的过程中，为了达成最终目的，我们需要阐述很多“理由”。

美国说唱歌手肯德里克·拉马尔来日本时，GO 曾在霞关站和国会大厦前这两个地方投放过一套广告，上面是涂成黑色的行政文件。我们仅仅在两个站点处张贴了几张海报，就让社交网络瞬间炸开了锅，不仅霸占推特的全部版面，就连 NHK 也特意为此做了采访和报道。“用最短的距离刺入关键点”，这是广告的常规思路，我们无疑做到了。事实上，为了在国会大厦前和霞关站张贴广告，我们都不知道花了多少时间和精力才最终谈成的。

全日本的车站数不胜数。为什么就选了这两个站投放呢？

你看，多么老套的问题。但是，即使我说实话，东京地铁也未必能理解。当时 GO 的策划人是这么解释的：“因为肯德里克·拉马尔来日本后会入住附近的一家酒店，如果张贴在那里，他就能亲眼看到了。”听完这个解释，对方露出了了然的神情，并同意了我们的请求。

在商业谈判中，为对方想出一个“能让自己公司同意的理由”也很重要。有时候会出现业务负责人理解了，但他的领导不同意的情况。比如这个案例中，对方就可能会因为“还未向国会提交申请”而拒绝我们的方案。但如果我们能从另一个方向提出不同的理由，或许就能成功推进一大步。

为《王国》这部漫画做宣传的时候也是如此，我向社里提出，希望把封面设计成“商务书籍风格”。刚开始，对方以“无法更改封面”为由坚决反对。但是，如果不更改封面，那就与常规的海报宣传毫无区别了。所以我不能放弃。

最后我想到了一个绝妙的说法：“这不是封面，而是腰封”。于是我告诉他：“我没有更换封面，而是多加了一截宽的腰封。”

就像我在上文中提到的那个高尔夫球具的例子，不要告诉妻子“我想打高尔夫球”，哪怕你说“我想减肥”也比那个理由更让对方容易接受。让妻子觉得你想打球并非纯粹为了娱乐，而是为了保持健康的身体。

即便你真的认为“高尔夫球很有趣”，也要一口咬定“我是为了减肥，为了身体健康”。这也会传递给妻子一个信息：“我的健康长寿会让全家人更安心。”毫无疑问，这与她的利益也有直接关系。

即使双方是毫无利益相关的两个个体，也一定存在着某些“对方的未来”和“自己的未来”重叠的部分。谈判，就是找出

“我需要这个，但是您需要什么”的答案。同时看清“对方的底线”，在这个区间内不断探索，最终找到重叠的那个部分。相互磨合，找到对双方都有利的方向，我想这样的谈判一定不会以失败告终。

昭和时代的伟大政治家田中角荣说：**“这个世界不是非黑即白。也不是非敌即友。黑与白的中间有一片极其宽阔的区域，叫做‘灰色’。如果无法进入灰色区域会怎么样？除非这片灰色地带成为我的盟友，否则我就永远无法占领这个世界。真理永远在中间。”**

体面的妥协——你的目标是“扬弃”〔1〕，**而不只是“妥协”**。

工作中难免会遇到“夹心饼干”的情况。或者说，工作的本质就是“夹在中间”。

前几天，一位年轻的广告公司员工找我诉苦：“我总是被夹在客户和创作者之间，进退两难。”

工作这种事，本就是充满了进退两难的情况。哪怕是我，也是一个夹心饼干似的广告专家。换句话说，我需要和各种类型的客户谈判并最终实现一个目标，而他们的需求和目的也都各不相同。如果你觉得夹心饼干这件事让你苦不堪言，你完全没有协调

---

〔1〕 译者注：哲学上指事物在新陈代谢过程中，发扬旧事物中的积极因素，抛弃旧事物中的消极因素。

的能力，那这份工作可能真的不适合你。

广告行业中还有另一个比较特殊的夹心饼干现象，就是我们需要在客户和消费者之间求一个平衡。例如我们的客户要求我们："文案中要突出产品名称，用大字体显示。"但是没有一个消费者会对产品的名称感兴趣。产品名称越大，越像一个彻彻底底的广告，这只会让消费者厌恶。

我们很了解这一点，所以我们必须让客户理解并做出调整。也就是在希望用大字体显示产品名称的客户需求，与字体太大容易引起不适的消费者观感之间取得平衡。乍一看似乎没什么难度，但事实上我们为此做了无数次协调。这是一场非常有趣的智力游戏。从这个意义上讲，可以说所有工作都是通过斡旋和谈判完成的。夹心饼干是默认条件，也就是前提。如何在"夹心"的状态下找到着陆点呢？那才是最根本的问题。

谈判中总会遇到需要妥协的情况。有些时候必须做出妥协。而我会用**"体面的妥协"**来形容这种情况。

就如同上文中提到的《王国》事件，对方一直在强调"不能更改封面"。而我提出的改为腰封形式的方案，其实就是一种体面的妥协。

我在更改封面这件事上做出了妥协，但只要这截腰封设计成一眼看上去与封面无异，我就已经达到了自己的目的。同时，又保住了对方的颜面。

名古屋帕尔科曾经发起过一个名为"所有的爱都是世上最好

的东西”的活动，当时我参与了策划活动。于是我委托网络媒体“赫芬顿邮报”帮忙介绍这场活动。但他们拒绝了，理由是：“这是很常见的广告，不能称为新商业模式，而且只是在名古屋市内进行，并未扩大到全国范围内，所以我们无法接受您的请求。”

然后我转变了思路，以“爱的多样性”为主题进行了阐述。提到“爱”这个字眼的时候，我们脑海中浮现出的第一个感觉就是“恋人之爱”，却忽略了男人间的爱或是老夫妇间的爱。从这个角度出发，我将自己的文案定为：“在这个多样性的社会中，帕尔科支持所有形式的恋爱与爱情”。如此一来，这个活动的影响力就会冲出名古屋走向全日本乃至全世界，媒体们也一定会闻风而动，争相予以报道、评论。

赫芬顿邮报一直都以支援多样性社会为使命，所以对同性之爱这个话题十分感兴趣。

在被拒绝之后，我选择了从另一个角度切入。

“此次活动海报中有一对同性恋。我们邀请他们担任广告模特的时候，他们犹豫了很久，最终还是克服了障碍，勇敢地站到了镜头前面。他们想呐喊，想把自己的想法说给全世界听。所以可否请您帮忙实现他们的愿望，对他们做一次报道？我认为，这是赫芬顿邮报应该做的事。”我说完后，记者马上认可道：“这的确符合我们报社的理念。”于是，一切水到渠成。因为他认为这与赫芬顿“通过对话推动社会前进”的经营方针是完全吻合的。当然，名古屋帕尔科支持所有形式的爱情这个理念，又会因模特在赫芬顿邮报上谈论他们出现在广告里的原因而被强烈地传达出来。

这种情况，相较于最初的“为我们介绍广告”的希望而言，应该可以说是一种妥协。但是，却又因此而实现了更高层次，同时对大部分人来说也是更有意义的发展。这也可以称为“体面的妥协”。

最初，我被夹在媒体理念和客户需求之间难以动弹，于是我开始思考，有没有一种对双方都有利的做法呢？当媒体的访谈报道出现时，我知道我成功做到了。

“妥协”一词，带有中断、失败的意思。但是，如果你的妥协让所有人都能因此受益，那就是体面的妥协而不是损失，是所有人的胜利。

在历史哲学家黑格尔倡导的辩护方法中，有一种名为“扬弃”的方法，意为当A和B发生意见冲突时，相互磨合、相互妥协，最终想出一种新的、更好的做法。与其让其中一方完全让步，以“10对0”的结果实现单方面的满足，不如“6对6”，让双方都得到12分的满足，这样才能最大限度地发挥出总体价值。甚至，有时候会得到“20对20”的结果，那就是难以想象的快乐了。谈判并不意味着单方面的胜利或失败，而要以互相讨论彼此的得失，最终取得更高层次的结果为目的，即“扬弃”。

黑格尔认为**“世界历史，不过是自由意识的进步”**。不轻易妥协，以扬弃为目的的讨论，从某种意义上来说也是人类的一种进步。因为我们会得到一个更积极的结果。

“愿意握手”比“逻辑”更重要

人类总认为“逻辑性”可以在商业活动中起到决定性的作用，但实际上，逻辑性并不那么重要。“愿意握手”比“逻辑”更为重要。逻辑只是为了达成握手这一目的的一种有效手段。很多时候让对方认可自己，远比靠逻辑战胜对方更重要。理论上应该选择A，但我总觉得不甘愿，于是我选择了B。想想《勇者斗恶龙5》中的结婚问题，你就能明白。

首先我们要明白一件事，所有的语言都是谎言。或者可以说是虚构的。语言不过是重现了世上的所有事物。我说的咖啡只是一种标识，并不是真的咖啡。近代语言学之父索绪尔说过将语言分为了“概念”和“符号”两种。将真实存在的东西替换成形象，然后再替换成文字。

> 真实存在（世界）→概念→信息
>
> <具体来说>汽车→汽车这一形象→汽车这一单词

拍摄汽车的照片，向朋友解释照片中的东西是什么。这永远不会等同于现实中的汽车。将现实转化成形象的时候，会发生多种信息的丢失，在形象转化为单词的过程中就会出现偏离现象。

语言就像是一个为了压缩、分享真实事物而创建的 ZIP 文件，而这个压缩文件既非真实也非虚假。“爱”“和平”“公司”“行业”，这些全都是符号，我们无从探究其究竟是真还是假。归根结底，语言只是工具。我希望，大家都能认识到语言的这一本质。

从“用批判引发改变”转变为“用赞美引发改变”

我的推特上写满了我的所思所想，但大家应该闻不到火药味吧。因为我基本上不会写一些批判或指责他人的内容。如果与他们有意见分歧，我就更不会写诸如“我不敢苟同”之类的话了。因为如果真有讨论的必要性，我会选择直接与当事人交谈。我不觉得在公开的社交网络上写评论，而且是短短的 140 个字评论，能达到什么理想的交流效果。

前几天推特上有一则广告让所有人都感到十分愤怒，上面写着“致那些想生混血儿的人”。“外国男人很喜欢穿和服的日本女人，所以如果您想生一个混血儿，那就请穿和服吧。”

这种说辞以广告形式出现显然是不妥当的。不过这是三年前的广告了。但我觉得倒也无甚必要特意把它挖出来，然后再义正言辞、大义凛然地批判道：“我实在不敢苟同。”

我们可以持一种“现在看来这种广告肯定实现不了”或者“这个世界正在逐步走向理想”之类的态度，但特意找出过去的广告并予以谴责，是任谁也得不到好处的。正如技术在不断更新，人类的道德观念也在不断更新。在这个可以订阅音乐的年代，如果有人批判“留声机真是个笨重无用之物”，大概会被所有人嘲笑吧。我们只需尽情享受社会进步带来的便捷即可。

随着社交网络的不断发达，难免会出现一些歪风邪气。

一些人在发现社会问题或社会矛盾后，会立即在社交网络上发帖谴责，很快就会聚集起一大波持有相同意见的网友，不久后这个发帖人就会变得小有名气了。发现问题并发帖，这自然是每个人的正当权利，这一点是无可厚非的。但如果行事太过张扬、言语过分犀利，就难免会有借社会话题炒作自己的嫌疑。比如有人在镇上发现了一点粪便，于是故意四处寻找粪便，并全部堆积在广场上，然后发帖宣称这是“粪城”，以达到哗众取宠的目的。真要是无聊到这种程度，那我会选择在镇上种满鲜花。因为我听说，越是自然环境优美的地方，人们越不会随地乱扔垃圾。

好斗之人往往活得很累。如果你想改变这个世界，记得别批评，试试赞美吧。别说“这广告真烂”，努力寻找让你觉得很棒的广告吧。或者说，自己做出好的广告。我们应该通过赞同或创造推动世界前进，而不是批判。

可能很多人会觉得我一定会在推特或访谈中发表一些批判性

的言论，但实际上，我从不会在公共媒体上攻击或否认任何特定的人物。即便我遇到一个烂得无以复加的广告，至少我会尊重为了这条广告而不眠不休的创作者。所以，看到这种广告我也不会进行否定，而是鼓励自己不断做出更好的作品，用自己的行动改变世间的风景。

假如你觉得同事的工作方法不对，假如你觉得配偶的行为欠妥，我希望你不要一味地攻击或责骂，应该亲自动手操作，让对方明白什么才是你觉得理想的效果。我希望你能在歇斯底里之前冷静地思考几秒：自己的言论和行动，是否能够推动这个世界向前发展，哪怕只是微不足道的距离。

第四章

语言可以指明未来

到底什么才能让你感到快乐？钱？家庭？事业成功？心爱的伴侣？还是受到很多人的欢迎？有一个可以持续一辈子的爱好？OK，这些都很好，每一个都很好。答案千人千面。

一个百万富翁告诉我："追逐利润的过程就像身陷沼泽……"他的脸上写满了悲伤。"我很怕，我不想继续了……"一个格斗世界冠军抱着膝盖颤抖着跟我说。"我不知道自己活着究竟有什么价值。"一个当红偶像哭着对我说。

幸福很难。我们未必知道这条路的终点有什么，只知道自己铆足了劲想要冲向那里。甚至就连前方是否有终点也并不知晓，比如大航海时代的水手们就误打误撞地闯进了黄金之国Zipang[1]。最终他们到达了美洲大陆，这可以算是他们的一个目标。

我们可以从这个故事中学到一个道理。目标无需不断寻找，而是由自己的脚步决定。这是目标。这是Zipang。这是我们想去的地方。

对！所以，如果你想幸福，那么首先要做的就是明白什么才是自己的幸福。用什么来告诉自己呢？当然只有语言。

熟练使用语言，会让你感到幸福。

---

〔1〕 译者注：意大利威尼斯商人、旅行家马可波罗于1271年开始的20年间，在中国一边侍奉元朝皇帝忽必烈一边周游列国，回国后写了《东方见闻录》。其中称日本为"黄金之国"（Zipang）。

今天，我们生活在一个和平的国度，所有人都过着衣食无忧的生活。如果你要的只是粗茶淡饭的平淡生活，即便没有太多积蓄也能轻易实现。不要求名牌服饰或是进口跑车。不去米其林三星餐厅也能吃得很香。

每天都过得很满足。

如果每个人都这么想，世上就没有感到“不幸福”的人了。可是这个世界上多的是身在福中不知福的人。二十多岁的创业者人数正在不断增加。与他们交谈时我发现了一个共性：他们创业的目的不是为了买名牌衣服或是买豪车，而是为了让这个社会变得更好。不仅如此，他们还有着清晰的个人目标，例如“我想让社会变得更便捷”或是“我想帮助世界上所有为生活所迫的母亲们”。对他们来说，这就是幸福。

他们用语言准确地定义了自己的幸福。他们没有为名利所惑，没有将开跑车买名牌这种事视为成功人士的标配。

在这个时代，如果想过得幸福，那就学会用自语言定义专属于自己的幸福吧。如今，我们无需疲于奔命也可以吃饱穿暖。正因如此，如果我们对自己想要的幸福没有一个清晰的概念，就会失去努力工作的理由。

不过与此相反，也有许多人正处于“不拼尽全力誓不罢休”的状态。如果你也是如此，不妨挺起胸脯，告诉自己其实完全无需如此拼命。不去银座的俱乐部或高级寿司店，我们也能吃饱饭。便利店的三明治和咖啡也能让我们感到满足。而它们之间的价格差异足有100倍之多。但多花100倍的钱，是否能让你收获多100倍的幸福呢？当然，这取决于你自己。但无论哪一种，都能让你过上幸福的生活。

所以，可以明确定义幸福的人都是智者。

他们可以不被外界的花花世界所迷惑，一心朝着自己的目标大步前行。

能够准确表达自己欲望的人，能够明白自己想要什么的人，也一样不会陷入迷惑。例如有的人“想让他人幸福”，有的人“想名垂青史”，而有的人只想“得到那件东西”。至少他们的内心是坚定的，这样的人可以走得更快、更远。自行车比赛中，稳定的车体是维持高速骑行的基本条件。**“我们都身在阴沟里，但仍有人仰望星空。”**——记住奥斯卡·王尔德的这句话吧。

在最后一章中，我想以自己的一些座右铭为例，结合自己的亲身经历进行说明。

一直支撑着我走到现在的一句话

语言可以杀人于无形。

反过来，语言也可以救活一个人。

有人曾问我："工作陷入困境时，你会怎么做?"对于这个问题，其实我一直都没有找到完美的答案。因为我从来没有感到过自己陷入困境。

我于2007年加入博报堂。以一名营销策划师的身份开启了自己的职业生涯。后来我调岗到PR局，然后又被派遣到TBWA/博报堂。再后来就独立出来创立了GO，一直担任创意总监至今。其实在我这13年的职业生涯中，从未遇到过顺风顺水的工作。

基本上到我手里的工作，不是"没预算"就是"交货日期不明"，再或者就是"没有知名度"，最常见的是"没有先例"……

不是面对恶劣的条件，就是面对绝望的情形，对此我也早已习惯。感觉我的每一天都过得犹如“桶狭间合战”[1]一般。认真想想，其实这也在所难免。依靠创意解决问题是广告这项工作的本质所在。因此，当客户发现自己的经验和知识已经不足以应对市场的时候，就会来求助我们。一开始，就连我们也不知所措。

这种时候，我就会默念一句给我很大启发的话。

例如，RHYMESTER 有一句歌词：**“弱者战胜强者的唯一途径，就是努力。”**每到这种时候，我就会鼓励自己：“你一定能依靠努力和智慧杀出一条血路来。”

动画片《光速跑者 21 号》中也有一句让我记忆深刻的台词。身强力壮的队长蛭魔经常告诉自己的同伴：**“我没有精力去强求并不存在的东西。我这一辈子都在寻找利用手中之物赢得胜利的最强战术。”**每每回忆起这句话，我就觉得一股激情从心底喷涌而出，远比 Regain 和红牛还有效 500 倍。

我就像个卫道士一样，将这些话牢牢地记在心里。创意，努力，创造力，无论你使用哪种说法。一定有答案的，一定有一个可以解除所有困境的生存法则。请一定要相信。

语言是毒药。

---

〔1〕 译者注：桶狭间合战是日本永禄三年（1560 年）5 月 19 日尾张大名织田信长奇袭进犯的骏河大名今川义元的战役。是日本战国三大奇袭战之一。

使用不当会毁灭自己，若善加利用，会给自己一个强烈的心理暗示，让自己获得摆脱困境的巨大能量。你可以告诉自己："我必须做，只能这么做。"这会成为你的能量，也会成为前进的契机。你可以从完全不同的角度来看这个世界。这种毒药虽然会让人上瘾，却没有副作用。而且比其他任何东西都便宜。甚至可以自己生产。

改变语言，你的工作方式和风格也可以随之发生变化。

最近大家似乎很喜欢将换工作称为"加入"。例如，我曾经工作过的一家大型广告公司，许多人在工作了 3～4 年后就会辞职去一些初创公司。他们总把跳槽这件事说成："加入某某风险投资公司"。从大公司跳槽去一些默默无闻的初创小公司，这在陌生人听来似乎是"降级了"。但是，如果不说"跳槽"而说"加入"，就会给人一种跳槽的人和新公司是平等地位的感觉。这不仅会让周围的人对你高看一眼，也会提升自己的工作积极性（实际上，接收跳槽的公司与跳槽者的个人价值本就是对等的关系，所以我反而觉得如今大家都认为公司与个人是上下级关系的这种观念是不对的）。

脸书、推特等社交网络的出现，让我们步入了"个人资料检索社会"。那么，我们该如何填写简历呢？"从博报堂辞职，加入 XX 公司"的写法确实比"从博报堂辞职，跳槽到 XX 公司"的写法更漂亮一些。这不仅会让旁人觉得你是个人才，对自己而言，也会带来一种"我和公司是平等合作伙伴关系"的心理暗示。就连你的工作风格也可能因此而发生变化。

我刚进入博报堂工作时，从来没有想过什么劳动时间限制或是身体健康管理之类的问题，每天都是全身心地投入工作中，那时我的世界里只有工作。毫不夸张地说，没有聚会等私人活动的工作日里，我从未在半夜12点前离开过办公室。之所以能够在长达10年内日日如此，主要是我想通过这种方式暗示并让自己对“只要你想努力就能办到”这个自我人设深信不疑，从而不断地为自己打气。

现在回头想想，当时为自己定的这个人设，真是幼稚而好笑。

2007年，一个名为“PRIDE”的格斗团体被美国收购，后来便逐渐销声匿迹了。当时的PRIDE势头强劲，由这个团体举办的比赛，可以算是格斗界最高级别的大赛了，其地位与网球界的温布尔登不相上下。我在高中时代也经常去比赛现场观看。这个承载着我青春回忆的世界著名日本体育团体，岂料后来竟会由于资本市场和媒体业务的种种问题被美国人收购，最终彻底消失在日本这片土地上。

那时，我刚进入博报堂工作。我甚至想过“PRIDE消失的那一年，我正式进入了媒体领域。这或许就是命运的安排吧，我注定要以PRIDE等日本文化复兴事业为己任。”多么幼稚的想法。但是，正是这个幼稚的信念鞭策着我在后来的10年时间内迅速成长，所以，我要感谢PRIDE。这里有个插曲，10年后，我还与大学时代的偶像，也就是PRIDE最后的顶级拳手成了挚友。

“生活是美好的，值得我们为之奋斗。”

海明威如是说。

用语言建立信念。

用语言决定未来。

用语言充实自己。

你是想“努力工作，晋升到部长的位置”，还是想“做一个能够改变公司的人”？

语言决定了你的姿态。最终也定会影响到你的生活。

注意思考，因为总有一天它会变成语言。

注意语言，因为总有一天它会变成行动。

注意行动，因为总有一天它会变成习惯。

注意习惯，因为总有一天它会变成性格。

注意性格，因为总有一天它会变成命运。

——特蕾莎修女

创造未来，改变过去，巩固现在

想必大家都听过这样一个故事吧？

肯尼迪总统访问NASA时，问正在打扫办公室的清洁工：“你们在做什么？”一名男子回答：“我正在打扫。”另一名男子则答道：“我正在为一个将人类送上月球的项目提供支援。”

哪一位会觉得自己的工作更有趣且更有意义呢？答案已经很明显了。用语言放大自己的目标和愿景，这会让自己的工作也变得更有意义。即使自己做的是微不足道的工作，也可以用语言告诉自己“你的工作会对社会产生重大价值”。

我进入博报堂后的第一项工作是为环境省的“团队削减6%”项目撰写企划书目录。一开始我觉得很委屈，为什么要让我做这么简单的工作呢？后来我突然想到，原来我的工作可不是“做一张目录”这么简单，而是“为改善日本环境项目制作第一页”，这个想法让我瞬间觉得浑身充满了干劲。“对自己工作的定义”会对你的工作态度产生直接且巨大的影响。不过当时还是新人的我依旧写了很多错别字，给领导添了不少麻烦。

愿景，其实就是“用语言创造未来”。

当你在用语言描述未来的时候，还可以顺便也用语言来补充说明现在的意义。换句话说，这会让我更自信、更有动力。就像不知目的地在何方，只是一味地举步向前之人，和明确自己的目的是“爬上那座山”之人，心态肯定是不一样。后者的每一步都更为扎实有力。

想要改变过去的意义，语言也是首选的方法。

“当时我失败了”的说法会让你觉得自己一事无成。但如果换个说法，比如“当时我学到了很多”或“当时我勇敢尝试过了”，是不是就完全不同了呢？甚至就连现在也变得意义非凡了吧。这取决于你是将过去的不顺之事定义为失败还是学习？是否将曾经的坎坷视为通往成功之路的垫脚石？视角不同，人生态度自然也不一样。

刚加入广告公司时，我心心念念的都是在创意部门一展身手。可是天不遂人愿，我被分配到了市场部。一开始，我觉得这无异于对我的暴击。眼睁睁地看着自己的同事以创作者的姿态尽情投身于精美广告的制作工作中，而我呢？只能每天面对那一大堆索然无味的调查资料和数据。我不甘愿，甚至很绝望，难道我这一辈子都只能被这些无趣的工作所淹没吗？

直到我创立了GO后，才有了全新的感受。创意总监的工作还包括了新业务开发和组织改革等，如果仅靠创作者的工作经验，是万万无法胜任的。据说30%～40%的公司会在开业后的一年内倒闭，所以我很感激当时的工作经验，至少我支撑到了今天。不仅如此，我们仅有的20人团队还成功创造出了累累硕果。这全都是得益于我当时在博报堂市场部的工作经验。

可以说，没有那段“失落”的时光，就不会有现在的我。那些枯燥无趣的数据和调查报表让我被强制灌输了许多营销理论，对我的创新思维大有裨益。谁能想到，曾经因被分配到市场部而感到的屈辱和怀才不遇，如今竟成了我的一把利刃。当时的领导们并没有放弃那个眼高手低、成天唉声叹气觉得埋没了才华的我，反而耐心地指导我、教诲我，所以直到现在，我也仍然认为他们是我最宝贵的家人。就连他们大声指责我的样子，现在回想起来也觉得特别亲切。

有人就会问了，你这是在美化过去吗？当然是。对于过去的经历，我们可以将其视为屈辱或遗憾，但与此同时，也可以改变视角，赋予过去以新的含义，将其重新定义为“为善今日事而利之器”。改变对过去的看法，会让你的今天变得强大而美好。同时也会让你深刻地意识到，现在这一刻，是过去所有经历累积和沉淀后的结果。所以，这是珍贵的、无可替代的瞬间。

我在博报堂的时候曾经被勒令停职三个月。

事情的起因是有人在博客上写了一篇关于“三浦的工作其实就是一种隐性营销（利用各类技巧将传播内容较为隐蔽地结合在其他媒介中，让消费者察觉不到其广告性质）”的文章。即便这篇文章的半数以上都是诬蔑之词，但我也成功被泼了一大盆脏水，所有人都觉得我是一个“隐性营销的主犯”，所以公司不得不做出让我停职的决定。

被人如此诬蔑一番固然让我感到屈辱，但更让我感到心灰意冷的是停职三个月的指令，人一旦不工作，很快就会迷失自我的。“我的职业道路是不是就此终结了”“即便我再回去工作，想必也不能再继续创作者的工作了，大概会被强制转到后勤岗吧”。这些想法让我几近崩溃。那次事件也让我第一次感到了在大公司工作的风险。

博报堂是一家大公司，整体偏向于“扣分主义”文化。即使我能回去继续工作，也不会再被公司重用了。我倒也并不担心同事们会用有色的眼光看我，因为他们一直都很善良友好，可即便如此，我和他们之间的差距也会越来越大的。

而且，公司明知道那篇文章有很多不实之处，却还是一副见风使舵的墙头草模样。这让我对博报堂这个组织感到极度失望。而且，我觉得“个人与公司的地位已经开始因互联网的发展而逐步对等了”。既然如此，我又何必将自己困在大公司中，过着前怕狼后怕虎的日子呢？不如找一个可以充分表达自己想法的地方畅快淋漓地拼上一场。这便是我离开的契机。

如果没有那件事，或许我还会在博报堂继续呆上很多年。那一段时间对我来说真的可以算是煎熬了，不过正所谓塞翁失马焉知非福，也正是因为那次事件，我才会在入职仅10年就毅然离开公司自己创业。所以现在回头看那件事时，会有一种“托它的福”的感慨，过去的意义也就成功地随之改变了。

如果用直白的语言表达我的心境，那就是：当时的我真想一脚踹飞那个博客。但是，如果我现在遇到它，就会心平气和说：“谢谢你。虽说我被你害得挺惨。好在结果还不错。”

当时媒体撰稿人铃木修就时常对我说：“那时候你因为那次事件而不得不离开博报堂，现在终于到了可以挺起胸脯说‘感谢那件事让我离开博报堂’的时候了。”

我有一位早稻田大学时代的同年级女同学，后来成了六本木一带小有名气的陪酒女郎。不过现在她已经嫁为人妇，丈夫在一家大型贸易公司工作，如今夫妻恩爱，还生了两个可爱的孩子。她似乎对丈夫隐瞒了自己曾经的兼职工作。多年后我再次遇见她时曾问过她：“从前的那些事，你会觉得后悔吗？”她谈笑自若地答道：**“那对我而言并非毫无价值的过去。”**最近我也时常想起她的这句话，而且每每想起总会感慨一番。

即便我们曾经有过屈辱或痛苦的过往，也可以通过自身的努力，或换一种表达方式，让这些往事成为自己“有价值的过去”。无论你经历过什么，只要换个方式思考，就能让那些过往变得意义非凡，是以明心见性，即身成佛。一切经历都是为了创造未来。

过去可以改变。但只有活在当下的你才能改变。

找出一句专属于自己的座右铭

世界在变化，而且变化得越来越快。我的战场——广告界也不例外，而且堪称日新月异。事实上，它也从未停止过变化的脚步。在这个如湍急洪流、如肆虐台风的浪潮中，支撑我顶着狂风苦苦向前爬行的，正是对语言的坚定信念。语言可以是一把刀，可以是一罐功能饮料，也可以是一种药物，却又比任何一种都更加强大。

我也遭遇过种种苦难。我从来就不是一个在顺境中长大的孩子。在这里，我想与各位分享一些迄今为止给过我力量的座右铭。或许，其中的某一条也能给你一些启发。

那就先从**“别太快下定论”**这句话开始吧。

我进入这个行业已有 12 个年头了，中途也出现过三四次感觉就要撑不下去的瞬间。我也曾遇到过金钱纠纷，也曾蛰伏静待与其他业界大腕决一死战。也曾被女性纠缠过，当然这并不是什么光彩之事。我怀疑自己“咦？我是不是快混不下去了？”，而且这些情况并不少见。

即便如此，我也顽强地走到了今天。幸运的是，GO 的经营状况一直都很好。不过我也不能预测明年或后年会发生什么。或许到时候就倒闭了。或许不久后你们就会忘了我，或许我会因为交通事故或糖尿病而无法继续工作。换句话说，虽然我现在身体健康、工作顺利，但只要回想起曾经遇到过的艰难险阻，我就知道，人生绝不可能永远处于顺境或是逆境之中。

无论你正享受着幸福，还是正在不幸中奋力挣扎，这个瞬间都不会成为永恒，因为你的人生，只有闭上眼的那一刻才能盖棺定论。谁也不知道自己会含笑九泉，还是悲惨离世。所以一切的定论，都还为时尚早。

工作步入正轨后，可能就会觉得自己从此都会顺风顺水了。这时更要提醒自己：**“别太快下定论，还早呢。”**当然，这个理论也同样适用于逆境。“不，别太快下定论。”这句话会让你瞬间变得坚强。不管折腾多少次，我一定会反转给你看，给我等着。未来，依旧值得我们期待。

“别太快下定论。”这句话会让你重新振作、东山再起。对于我的这本书也是一样，如果大家喜欢，我自然高兴，但是即便大家不喜欢也没关系。这本书我已经写完了，而且写了很有意义的内容。可能会有人看到我写的这些内容。

如果你正好看到这一页了，那么10年后，也许你会将这本书奉为圣经，并为这个世界做出一些有意义的事情。这就够了。别太快下定论。

我总爱说**“一切都还没开始呢”**。

直到现在，我仍然会不时想起一件有趣的事。大约10年前，我还是博报堂里的一个新人，基本每周都会和同期进入公司的几个同事去六本木的星巴克坐着，边喝边聊。

我们的工作结束时间是凌晨3点，所以一般会在星巴克坐到天亮。

当时跟我同时期进公司的大约有100人，但每周一起去星巴克的只有5个人。其中有一位是决定这辈子只为工作而活，且性格略有些偏激的人。起初他因为嫉妒和好胜而拒绝加入我们的群体，但几年后，他也成了每周深夜会谈的常客。

每个人都在拼命地工作。我们都认为自己无论作品质量还是工作态度都明显优于其他同事，却苦于无人理解。总的说来，这就是一群没有勇气喝酒，又担心宿醉影响工作的年轻无名创作者们每周在咖啡馆里聚会的故事。我们的对话内容非常抽象、模糊，而且没有答案。我们每周都在谈论一些没有营养的话题，看起来席不暇暖，实际上就是太闲了。不，当时我们真是精力无限啊。

“你们说，我们是不是一辈子就只能这样了？会有成名的那一天吗？”

……我们不断重复着类似的话题。无论我们怎么卖力工作，自己的名字也不会出现在任何媒体上。全球重大事件的相关工作是轮不到我们参与的。即便参与，也是微不足道的杂事。我们发泄着对工作的不满，或者说是对自己碌碌无为的焦虑。我们为彼此舔舐伤口，互相安慰，努力为彼此缓解焦虑。

我们喝着咖啡，从午夜坐到清晨，然后带着未知和迷茫继续参加第二天早上的会议。不过我们总会在离开咖啡馆前重复同样一段对话：

“我们是不是就这么结束了？”

“不，一切都还没开始呢。”

这是出现在北野武导演电影《坏孩子的天空》最后一幕中的一段对话。主人公是两个高中生，一个成了拳击手，另一个则走向了黑帮。最后，拳击手和黑帮男都在自己的领域一事无成，两人都感到心力交瘁。最后一幕中，两个人一边骑着自行车，一边说了这段对话。电影的唯美结局，往往是新事物开始的一种标志。这部电影的最后一幕堪称完美。两个怀揣无限梦想却又最终一事无成的少年——这一幕中，他们的身影仿佛与我们自己重叠在了一起。故事永无止境。

10 年过去了。博报堂已经取消并禁止了深夜加班。而我正在经营一家名为 GO 的公司。一位咖啡聚会的同伴经过了无数次的跳槽，如今终于在一家大型外资娱乐公司坐稳了高层的位置。另外两位如今已经分别成为博报堂的营销部门和创意部门的最高领导。现在我们也依旧保持着两个月聚一次的频率，一般会去唱一些命题式卡拉 ok[1]，或是去美味的寿司店里坐坐。

我们的人生开始了吗？虽然我们骑的自行车确实比那时前进了一点，但我仍然觉得自己还称不上已经出人头地。我也仍然觉得“一切都还没开始呢”。说起来六本木的星巴克已经在 2019 年 9 月宣布停止午夜营业了。那么想在 2020 年干出一番大事的那些年轻人们，今后又要在哪里思考自己尚未开始的人生呢？我的人生什么时候才会迎来真正的起点呢？带着这个问题，我伏案撰写。与 10 年前一样，黎明前的那一刻是我内心最平静的时刻。

---

〔1〕 译者注：去之前选定一个主题，大家只能围绕这个主题选歌的方式。

准确表达自己的人生方向

你能用语言清晰地定义自己的“人生方向”吗？

我就曾经用语言定义过自己的人生方向。说起来还真有些不好意思，不过既然说到这里了，我也就不藏着掖着了。

我的人生目标是：“我想成为一个能够解决人类最大问题的人。”乍一听，你一定会感到很迷惑吧。那就让我再说具体一点吧。自从残奥会开幕以后，我就经常陷入思考。现代奥运会开始后不久，首尔就迎来了1988年的奥运会，残奥会这一名称也是从那以后才被正式确定的。2000年悉尼奥运会期间，国际奥林匹克委员会出台了一条新规定，今后奥运会与残奥会必须在同一国家举办。

我很羡慕，甚至可以说有些嫉妒提出残奥会这个概念的人，能想出这样一个绝妙的主意并具备让它实现的能力。他定是为了这件事四处奔走游说，我能想象到最终实现的那一刻，他该有多么激动。

残奥会出现前，也许大家就已经开始讨论这件事了。

“奥运会固然好，但只有运动健将能参加，身有残疾之人就只能望洋兴叹了。我们能不能想办法让他们也参与进来？”

“开幕式上，每个国家不是都会举着国旗列队出场吗？我们是不是可以让残疾人参与进来？”

“唔……这当然可以，但有没有什么办法能让他们真的参与到比赛中呢？”

“这很难，不过我倒是有个好主意。”

“洗耳恭听。”

“不如考虑举办一场仅针对残疾人的奥运会啊。”

“什么……？”

“这只是残疾人之间的娱乐方式。但是如果有人因此而受伤，要怎么界定责任呢？”

“虽说都是残疾人，但每个人的生理缺陷都各不相同。我们很难像对待一般运动员一样，为他们制定出统一的规则。”

“这些问题我都想过了。但这是后续我们要解决的问题不是吗？我们现在要讨论的是：是否应该这样做？所以现在我们要决定的是：做还是不做？”

……我想，一定会出现这样的讨论过程。此后，包括残奥会倡议者古特曼博士在内的多位伟人都为了实现这一夙愿而四处奔走，并创造了诸多奇迹。如今，残奥会已经成了无人不知无人不晓的世界顶级盛会之一，它与奥运会一样，成为世界各地所有运动员为之奋力拼搏的赛场，也成为全球体育迷们为之疯狂的国际重大赛事。残奥会不是单纯的一句口号，而是迄今为止表现形式最多样、涉及人员最广的一项活动，倡议者通过改变人们的意识，成功地将其推向世界。对我来说，残奥会是最优秀的企划案，也是一则无与伦比的广告。它用一种不容反驳的气势告诉全世界，这个社会迫切需要多样化，而且这丝毫不值得我们震惊。

我有一条自己的创作哲学，并为之宣传了近10年。

“我们的工作不是创造作品，而是创造现象级事件。”没有一个项目能像残奥会那样创造出全新的现象。我想尽可能策划出更多如残奥会一般能够推动人类社会向前迈进的项目。这就是我的人生终极目标。所以我不买私人飞机，也不娶女明星。我想让自己这种看似天马行空的宏伟而模糊的愿望变得更清晰具体一点。为了实现这个理想，我会坚守住创作者这个岗位。为了实现这个理想，我选择了这份工作，并成立了一家名为GO的公司。

这就是我的人生目的。

什么是人生目的？这个问题类似于“对你来说，什么是幸福”。如果能通过努力让自己感到幸福，我想，你的人生就可以算是圆满了。所以，可以明确定义人生目的之人，都是智者。即使世界变化万千，只要拥有明确的人生方向，你就永远不会感到茫然。

公司的营销工作也是如此。经过充分讨论后设定明确的 KPI，并及时向员工进行宣导，这样的公司一定前途无量。因为他们目标明确，并清楚地知道自己应该怎么做才能达到目标。

那么，我们应该如何定义自己的人生目的呢？

首先，想一想“我最喜欢做什么”。回顾自己的过去，找到那个最让你感到快乐，展现出最真诚笑容的瞬间。找到你人生中最兴奋的时刻。对，找出来。“客户对我说谢谢的时候，我觉得比在公司中获奖更开心”或“和妻子结婚的那天，岳父岳母对我说谢谢的时候，我真的好开心”。如此一来你就会知道：“原来我是一个喜欢被人感谢的人。”

回顾人生的各种经历并找出共同点，你就能看到自己的幸福在哪里了。接下来要做的，就是用语言表达出你需要做什么，才能让自己感到幸福，感到此生无憾。

当然你也可以说：“我想让地球尽量避免遭到不必要的破坏。”

“我想让妻子和孩子每天都能开心快乐。”

“我想为家乡山形县贡献力量。”

无需把自己的目标说得多么宏伟。只要是发自内心的一句话就够了。

公司也是如此，目标明确的公司定是前途不可限量的公司。就我的公司 GO 而言，我们将自己的经营目标定为：“以创作者之力，接受一切社会变化与挑战”。GO 不会只满足于“时尚的设计”或“赏心悦目的广告文案”，而是将自己定义为**“催生不连续增长的思考方法”**。认同这一思想的优秀创作者们正在不断加入 GO 的战队，终有一天，我们会改变世人对创意工作的看法。我们永不止步，只为那一天的到来。我们永远不会卸下自己亲手挂上的 GO 标识。

当然，无论是 GO 的公司目标，还是我个人的人生目的，都可能在将来的某一天发生改变。但是，为了在这个变幻万千的时代中生存下去，**“坚定一次信念”**会演变成一种强大的力量，支撑着你朝着一个明确的目标快速前进。

首先，用语言对我们坚信的道路和前进的矢量进行定义。无论个人还是公司，长远的目光是实现一切发展的基础。一旦退化，距离止步也就不远了。如果我们的目标只是衣食无忧，那么无论公司还是个人，都会在前进的道路上迷失方向。

你的愿景是什么？人生目的是什么？未来目标是什么？如果不用语言进行定义，就永远也到不了目的地。不决定“去纽约”的船，永远不会到达纽约。

“就算时代不需要我们，我们也曾来过的吧；就算时代不微笑，我们也可以一笑而过吧。”（引自 Tower Records 广告）

公司愿景和个人愿景？

公司到底是谁的？我已经被无数次提问到了。股东？消费者？

每一位员工？正确答案是：这取决于公司或个人的信念，所以不能一概而论。用基本理论去回答一些社会普遍问题，其实是毫无意义的行为。但有一点可以肯定，公司的愿景或目标，一定是由经营者决定的。

那么，对一个员工来说，当公司愿景与个人理想产生冲突的时候，应该怎么抉择呢？我想，这应该是工作中最大的困扰之一吧。很多人会说"那我辞职吧。"这其实是一种错误的解决方式。

答案有三种。第一种，也是最简单的一种——"辞职"。其实，只要去找，总会找到与我们自己的理念相契合的公司。所以，这种情况下，无需勉强支撑，想辞就辞吧。当然话说回来，实际上肯定也能找到一种让双方彼此妥协而无需辞职的方法。

第二种，将公司视为磨练自己的"修行地"。若能"进入与自己理想相符的公司"那固然最好不过，但很多时候，我们会在进入公司后才发现其实我们的理念并不相同。这种情况下，不妨将公司当作自己的"修行地"。在公司磨练自己的能力，待时机成熟后再考虑跳槽或自己创业。当然，也不排除在这个过程中，你会改变自己，认同公司。因为，人总在不断改变。一切都可能发生变化。同理，公司也会改变。所以，我们也可以考虑下一种方法。

最后一种方法，就是努力坐到能够决定公司愿景的那个位置，亲手改变公司的理念和思想，让它与自己的理想完全重合。公司越大，就越难改变，但是一旦改变，就会对社会产生巨大的影响力。实现自己理想的最佳捷径，也许就是在一家大公司中努力挤进决策层，从而改变该公司的愿景。

举个最著名的例子来说明吧。优衣库提出了“衣服是服装的一个部分”这一企业理念，依托大量生产、大量消费的世纪型技术实现了迅猛发展，一跃成为国际服装行业的领头羊。但是近两年，它又突然转变思想，开始提倡起了可持续性发展（时尚的可持续发展）。可以说，这与优衣库迄今为止的发展思想是背道而驰的，但不可否认，优衣库的这一行为，无疑向全世界展现出了“遭遇突发状况也能迅速转身”的日本大企业实力。公司的发展应紧跟时代的步伐。这或许也可以算是日本社会变革的一个象征，而能够成为这种变革的参与者与见证者，对我们的人生而言总归是有益无害的吧。

我的恋人曾告诉我：**“人类的多变性恰恰是人类最大的希望。”**

语言可以成为自我突破的契机

语言最大的价值，就在于为自己的人生赋予不一样的含义。无论遇到什么困难，语言都可能成为我们强大的后援力量，或为我们扫清一切障碍。

例如，有一个词叫作“风险”。

大多数人似乎天生畏惧风险，遇到它就会被吓得挪不动步。所以我们经常听到“我想辞职，但辞职肯定有风险，所以还是算了吧”或者“我想买那支股票，但风险太大了，所以还是算了吧”等说法。

但是，我们必须明白一点：风险并不等于危险。或者我们可以用“危机”和“危险”来替换这个词，就更一目了然了。“危机”一词中的“机”是机会的意思，想必大家都看出来了。所以，风险（危机）是可控的。投资领域中也有“上行风险”的说法。风险是不稳定的，但并非危险。风险最终是否会演变成危险，这取决于你是否具备驾驭它的能力。

风险是危机，而不是危险。

遇到危险，除了避开之外别无选择。但遇到危机则不然，不是有个词叫“危机管理”吗？危机是完全可以通过管理来左右其走势的。你可以逃避，当然也可以将损失降到最低。

还记得麦当劳的汉堡异物混入事件吗？毫不夸张地说，那件事让整个麦当劳陷入了经营危机。当时我还在博报堂旗下的外资公司 TBWA 博报堂任职，危机发生的那段时间，我正好在负责品牌创建和 PR 风险管理工作。麦当劳的广告文案工作一直都是委托另一家大型广告公司负责的，而我看到汉堡事件的新闻后，第一时间拜访了麦当劳的高级管理层。当时的情景我至今记忆犹新。我在白板上写下了两个大字：“危机”，然后又补充写了“危险 & 机遇”几个字。并告诉他们：“我们应该将这次的事件视为可以获得消费者更大信任的机遇！”对方露出了赞许的表情，并决定全权委托我们解决这一次经营危机，我想他们一定是觉得“或许你们真的可以拯救我们”。

风险是可以控制、可以管理的东西。鼓起勇气面对，它就可能转变成一种机遇。这就是风险的本质。过去的剑客常说：**“狭路相逢勇者胜。”**

危险是必须避开的。但是，风险则不然，我们应该积极面对，并努力将其转化为取胜的机遇。我们可以将一切危险都视为风险，最重要的是，使用语言准确地捕捉到这一点。

例如，如果电视台想采访我，这对我是危险还是危机呢？

当然，出现在镜头前就意味着我可能会受到众人的指责。但与此同时，我的知名度可能会因此而提高，我的书可能会变得更畅销，我可能会接到更多的业务。

能否将看似危险的事物定义为风险，是为了适应这个变化万千的时代的一项必备技能。如何看待世界，如何阐述隐藏在现象背后的意义，这些都与语言的使用密切相关。

例如日本最重量级的创意总监佐佐木宏曾说过："困境是谜题，而不是机会。"所有的困境都能以智慧为刃，披荆斩棘，开辟出一条阳光大道。明白这一点后，仿佛就连困境也变得有趣了许多，甚至还有些期待解谜的过程了。

创业也是如此，充其量只是风险，而不会成为危险

对于风险，我们应该找到并把握住藏身其中的机会。这才是应对风险的正确方法。

分享一件我亲身经历过的风险事件吧。离开博报堂这家鼎鼎大名的公司，仅凭一己之力开创一家新公司，这在多数人眼里都算得上是一种风险吧。"如果失败了怎么办？"这个问题，我听了不知多少次。

尽管大多数人认为一旦失去了大公司的资源就会寸步难行，

事实上，从大公司独立出来的做法恰恰就是一种非常具有代表性的风险，而绝不是危险。既然是风险，我们就可以对其进行管理。当然，谁也无法预知最终会走向成功还是失败，一切皆有可能。我们可以采取适当的措施，以降低其走向失败的概率。

重新审视危险，会发现有些其实不过只是危机罢了。换句话说，如果能将危险视为风险，就可能会从意想不到的角度找到另一条生存之道。再冷静地分析其中能有多少机会，就会发现许多曾被自己忽视的事物。

接下来，请允许我谈一谈决定创业时是如何分析危险和机会的。虽然这可能有些偏离本文的主题。

“在广告行业中独立创业”这个风险中包含了哪些机会呢？在如今 50 ~ 60 岁这一辈的大师级创作者中，很多都是从博报堂或电通脱离出去的。例如冈康道创立了“TUGBOAT”，佐藤可士和创立了“武士”，等等。但是，随着风投公司领导层的不断年轻化，他们对这些设计巨匠并无过深的执念，反而更愿意委托一些年轻的设计师。所以我认为，与这些年轻高管年纪相仿的人做出的作品，应该更容易打动他们的心吧？这不正是我的机遇所在吗？

此外，大部分初创公司的资金状况都比较紧张。年轻的经营者们如果与大型广告公司并不熟稔，在选定合作方的时候，可能就会选择一个同样处于创业初期的年轻人。

承接一些大公司看不上的小业务，这也是一种机会。2000 万日元的利润对我们这种 20 个人的小公司来说，可以算得上是天文数字了。但是，对于一家年销售额 5000 亿日元的大公司来说，2000 万日元的工作是入不了他们法眼的。我想，我们的潜在市场还是很大的。这就是我们的机会。

综上可知，“离开博报堂”这个风险的背后，至少暗藏着这些机遇、机会。

那么，你是如何看待风险对冲，也就是分散风险这件事的呢？

例如，在新客获取的风险对冲方面，我们不仅与博报堂内部员工达成了合作，就连电通的员工也已经成了我们的合作伙伴。

在资金周转方面，每产生 10 亿日元的销售额，我们就一定会留下 1 亿日元现金作为储备金。我们公司每月产生的固定成本和人工成本支出，约为 2500 万日元。即使员工数稍有增加，每月也就是 3000 万日元左右的支出，留下 1 亿日元就能维持正常运转至少三个月。我们应该能在三个月内接到新业务。

另外，我和我的合作伙伴有过约定，如果创业三年后，我们的收入依旧不如电通和博报堂的员工，就会宣告解散。如果解散，合伙人福本就会跳槽到电视台这些地方。而我则继续独自经营 GO，福本会成为我的新客户。我算过，如果真到了单打独斗的那一天，我也能勉强生存一段时间。

如今我们的年销售额约为 20 亿日元，足够让我们的 20 位员工过上稳定富足的生活。即使全员辞职，就剩下我一个人，我想一年 3 亿日元的销售额还是能保住的。倘若真到了连公司都保不住的境地，那我就回到电通或是博报堂继续工作，总有一家愿意接纳我的。广告行业内总归会有我的栖身之处吧。我们从不接受外部资金，所有的启动和经营资金，都是源于自己的积蓄。因此，我暂时只会雇佣“即便公司倒闭也能够自谋生路的人”，除此之外不作考虑。特别是那些“我们公司一旦倒闭，就会饿死街头”的人，我们是坚决不会考虑的。这也可以算是风险对冲的一种方法。

为自己设定一个底线——“如果三年后依旧还在原地徘徊，那就解散”，与此同时，规划好解散后的退路。即使公司真的陷入困境，只要我们的员工能够依靠自己的力量生存下去，我们就永远不会落入无路可走的绝境。通过这种方式进行对冲后，风险就会变成机会。

原谅我把这个话题扯得有些远了，但只要你能够重新审视“风险”一词，就会发现存在于其中的“机会、机遇”。

哪怕一句话，只要你耐心深挖，就一定能发现隐藏其中的新价值和新意义。最重要的是，即便遇到一些匪夷所思的状况，也要努力找到突破的关键。记住，千万不要停止思考。这种时候，语言就会成为指路的明灯，成为披荆斩棘的利刃。

“在黑暗中跳跃。”这是幻冬舍见城徹社长说过的一句话。

我们消失后，
留下的就只有“语言”了

小田和正有一句歌词叫：**“我说不出来。”**

“我说不出来”，这是一个最不容置疑的真理。用语言说不出来的事物，往往是最有价值的。

感动的心情、毕加索的画作、美妙的音乐、某个人温暖的掌心、美味至极的食物，以及让人热泪盈眶的风景。

最重要的东西，往往也是最难以用语言形容的东西。

但是，实际上只有小田和正的“我说不出来”得到了所有人的谅解。

我想传达、分享一些事情，或是和某人一起去某个地方。

人类必须用语言才能尽量准确地表达出这种思想。

太多的事物难以言喻，或者可以说，在人类的丰富情感和世

界的多样性面前，语言其实是苍白无力的。但是我们能够借助的，却又只有语言。

用语言无法表达出难以表达的事物，这是人类自打降生以来就必须背负的使命。

“文字记录”“语言”和“留下的东西”，构成了一个人的“轮廓”。

我们消失后，唯一留在这个世界上的，就只有“语言”了。道理非常简单。物质终将被风化。暴露在空气与水分中的任何物质，终有灰飞烟灭的一天。我们的肉体将反哺土壤，我们的记忆在死亡的那一刻戛然而止。但是，只要人类尚存，我们的语言就会被代代相传，永不消失。一个人唯一能够永远留存下来的东西，只有语言。即便白云苍狗、沧海桑田，语言也永远不会被风化。

震撼性的语言定会流传千古，在这个星球的历史上留下浓重的一笔。

尼采的**“上帝死了”**成了一句千古名言。

“资本主义”这一概念自诞生以来已经存在了数百年。或许还会继续流传数千年。

人类的思想和观念——也就是语言，可以轻易地突破距离与时间的禁锢。

耶稣死了，释迦牟尼也死了。但基督教永不消逝，佛教也亘古不灭。他们去世后，两人的思想和观念反而被更多的人所接受。

在这个日新月异的时代中，言语是唯一具有恒定价值的最强武器。无论生前死后，一个人的语言价值都不会发生改变。

而你，已经拥有了这件武器。

所以，相信自己。

大胆地往前走。

总有一天，你会活成自己想要的样子。

只要你想，就可以。

不妨相信这句话。

那会成为你人生的起点。

后　记

或许你已经注意到了，这本书简直就是为你量身打造的。

遗憾的是，2019 年 11 月 11 日星期日，在万籁俱寂的深夜中伏案于办公桌前奋笔疾书的我，并不知道此刻的你在哪里，在做些什么。

是站在札幌的书店里浏览吗？是坐在川崎的图书馆里一目十行吗？

还是步行 15 分钟来到朋友家中做客时，无意间发现了书架上的这本书，于是顺手翻开看了两眼呢？

或是正准备动身去伦敦留学时，昔日的恋人在送别会上送了这本书给你，于是漫不经心地打开随便翻了翻呢？

身在何方并不重要，重要的是你拿起了这本书。

对于我，对于这本书，对于你，甚至对于整个世界而言，这或许都是一件非常神奇的事情。

这本书写的是“语言”。语言学理论相关的书籍，似乎已经占满了各大书店的书架。说其烂大街也毫不为过。但所谓“技多不压身”。我想告诉你的是，只要手握“语言”这把利刃，就足以让你的人生焕然一新。一切伟大的革命都离不开坚定的语言。

11 岁那年，板桥的公寓让我第一次体会到了绝望。从此以后，我只能过着粗茶淡饭、节衣缩食的日子了。

17 岁那年，我在九段下的高中部感到绝望。因为我意识到自己并没有写小说的天赋。

22 岁那年，我在博报堂的办公室里感到绝望。因为我失去了成为创作者的机会。

24 岁那年的元旦，我在里约热内卢感到绝望。因为相爱 8 年的恋人在那天转身离去了。

30 岁那年，我在麻布十番的公寓感到绝望。因为无数的网友正在无休止地抨击我，我被他们的口水所淹没，却连回应的机会都没有。

我遇到过无数个绝望的时刻，但依旧坚强地走到了今天，并写成了这本书。暗自祈祷我的书能被大家喜欢。不知为何，我总觉得这本书最终一定会来到你的手中。

写完这本书，我依旧会回到平淡的生活中，一如既往地工作、生活、迎接并解决困难，一如既往地相信平平无奇的自己，一如既往地为改变这个世界而战斗下去。因为我还会与许多足以打动我的语言相遇，它们会给我力量，会为我拭去眼角的泪水，会鞭笞我不断成长。

毫无疑问，我是个被语言救赎的人，也是一个以语言为生存武器的人。所以，我想让你也拥有这件武器，让你在荆棘塞途、负重前行时，仍可以坚强地直面生活。或许这是自作多情，或许这是自我欣赏。但这是我对语言的“报恩”，我衷心希望所有人都能被语言所救赎，所以这也是我对这个万恶世界的“报复”，不，其实是感谢。

此刻的你在哪里？语言，很难，对吗？其实很容易。因为，你已经成了它的主人。

合上本书后，你就能借助语言的力量迎接美好生活了吧。你能活成自己想要的样子吧。我不知道你的身上会发生什么改变。因为，我们谁也不能立刻下定论。但我相信你会过得更好。

因为**“悲观是情绪，乐观是意志”**。

那么，再见。

最后，我想对那些曾赐予我金句的人，以及曾赐予我力量的优秀作品们说一句：谢谢你们。我们，永远都是一家人。

感谢 FORK（ICE BAHN）、K DUB SHINE、KREVA、小田和正先生，桑田佳祐先生、RHYMESTER、吕布 karma（按罗马字母发音顺序排列）授权使用语言。

感谢包括竹村俊助和福本在内的所有 GO 成员，感谢我的父亲母亲。感谢 MAIKO 女士、铃木修先生、屿浩一郎先生、辻爱沙子女士、石寺修造先生、松井美树女士、RHYMESTER、THA BLUE HERB、般若、Creepy Nuts、博报堂及 TBWA/博报堂的每位伙伴。特别要感谢德野佑树、牧贵洋、栗田、《砍下祈祷之手》、《刃牙》、《光速跑者 21 号》、《海贼王》、《花之庆次》、《周刊少年跳跃》、青木真也、佐藤大辅、新日本摔角联盟、《说唱地牢》以及 Twitter 上的各位粉丝。感谢箕轮厚介先生、佐渡岛庸平先生、Tsu-doi 的今井先生、《少女 Fight》、《听我的电波吧》、多根由希绘女士以及 GO 的所有合作伙伴们，当然，还有你。

2019 年 12 月

三浦崇宏

参考文献

保育園落ちた人「保育園落ちた日本死ね！！！」(2016年2月15日)
[https://anond.hatelabo.jp/20160215171759]

小林秀雄著『小林秀雄全作品〈1〉』(岩波書店)

Mummy-D・歌丸作詞　作曲：BACHLOGIC「マイクロフォン」
RHYMESTER Victor Entertainment

KREVA・SmithMichaelLarry作詞・作曲「アグレッシ部」Knife Edge

清沢哲夫著『無常断章』法蔵館　1966年

小林秀雄著『モオツァルト・無常という事』(新潮社)

S.SASAKI・D.SAKAMA・J.YAMAMOTO・D.SAKAMA作詞
TOMOYASU　TAKEUCHI作曲「ザ・グレートアマチュアリズム」
RHYMESTER　Ki/oon Music.

三浦健太郎著『ベルセルク』白泉社

レイモンド・チャンドラー著『傷痕の街』講談社

「通信速度100倍！次世代通信『5G』とは」読売新聞(2018年3月26日)
[https://www.yomiuri.co.jp/fukayomi/20180323-OYT8T50015/]

「自動運転車、2030年には世界で1800万台　関連サービス市場22兆円に」自動運転ラボ(2018年11月24日)[https://jidounten-lab.com/w-autonomous-cars-2030-1800-22]

国立社会保障・人口問題研究所「日本の将来推計人口(平成29年推計)」(出生中位(死亡中位)仮定)[http://www.ipss.go.jp/pp-zenkoku/j/zenkoku2017/pp29_gaiyou.pdf]

「稲森和夫猛語録」PRESIDENT(2013年3月18日号)

シェイクスピア著　中野好夫訳『ロミオとジュリエット』新潮文庫

桑田佳祐作詞・作曲「真夏の果実」サザンオールスターズ
TAISHITA Label Music Co., Ltd.

藤原正彦・小川洋子著『世にも美しい数学入門』ちくまプリマー新書

夏目漱石著『吾輩は猫である』新潮文庫

村上龍著『五分後の世界』幻冬舎

芥川龍之介著『侏儒の言葉』岩波文庫

ヘーゲル著　長谷川宏訳『歴史哲学講義』岩波文庫

オスカー・ワイルド著　西村孝次訳『サロメ・ウィンダミア卿夫人の扇』
新潮文庫

Mummy-D・宇多丸作詞　DJ JIN作曲「K.U.F.U」RHYMESTIER 2014
Ki/oon Music

稲垣理一郎・村田雄介著『アイシールド21』集英社

日本パラリンピック委員会［https://www.jsad.or.jp/paralympic/what/history.html］

見城徹著『編集者という病』太田出版

小田和正作詞・作曲「言葉にできない」オフコース　1981　EMI Music
Japan Inc.

ニーチェ著　氷上英廣訳『ツァラトゥストラはこう言った』岩波文庫